30 LIÇÕES SOBRE GESTÃO PAROQUIAL

[illegible]

17

Descobrir os verdadeiros tesouros da boa administração paroquial?

Havia um mosteiro que estava situado no alto da montanha. Seus monges [illegible] em uma estante, três manuscritos antigos muito valiosos. [illegible] esforço no trabalho [illegible] de conhecer [illegible] velhos papiros, com fama [illegible] de conterem pensamentos profundos.

Um dia, um ladrão roubou dois dos rolos e fugiu, ladeira abaixo.

[illegible]

JOSÉ CARLOS PEREIRA

30 LIÇÕES SOBRE GESTÃO PAROQUIAL

Manual para formar gestores eficazes na Igreja

EDITORA
SANTUÁRIO

Coordenação editorial:
Ana Lúcia de Castro Leite

Revisão:
Luana Galvão

Diagramação e capa:
Bruno Olivoto

Dados Internacionais de Catalogação na Publicação (CIP) de acordo com ISBD

P436t Pereira, José Carlos

30 lições sobre gestão paroquial: manual para formar gestores eficazes / José Carlos Pereira. - Aparecida, SP : Editora Santuário, 2021.
80 p. ; 14cm x 21cm.

Inclui índice.
ISBN: 978-65-5527-076-1

1. Religião. 2. Cristianismo. 3. Gestão paroquial. I. Título.

CDD 240
2021-567 CDU 24

Elaborado por Vagner Rodolfo da Silva - CRB-8/9410

Índice para catálogo sistemático:
1. Religião : Cristianismo 240
2. Religião : Cristianismo 24

1ª impressão

Rua Pe. Claro Monteiro, 342 – 12570-000 – Aparecida-SP
Tel.: 12 3104-2000 – Televendas: 0800 0 16 00 04
www.editorasantuario.com.br
vendas@editorasantuario.com.br

"Um líder é como um pastor. Ele permanece atrás do rebanho, deixando o mais ágil sair à frente, seguido pelos outros, sem perceber que, ao longo do tempo, estão sendo direcionados por trás."

Nelson Mandela

SUMÁRIO

INTRODUÇÃO

Você tem em mãos um manual que lhe ensinará, passo a passo, a arte da gestão de pessoas, coisas, negócios, processos e, especialmente, a gestão da missão. Não é um livro mágico, mas um livro que lhe oferece as ferramentas necessárias para desenvolver uma gestão qualificada, de modo que o agente de pastoral, seja ele leigo ou consagrado, conheça de forma didática e alegórica os principais procedimentos que um bom gestor precisa ter para se tornar um bom pastor.

Qual a diferença deste livro em relação aos demais livros de gestão ou administração? A diferença está no fato de ele trazer a teoria da gestão de forma prática, por meio de um dos recursos mais eficazes de ensino: as parábolas. Esse recurso didático foi usado por Jesus, e seus ensinamentos atravessaram os séculos, sendo sempre atuais. Este é o poder das fábulas e parábolas: elas dizem verdades de forma sutil e agradável, e, assim, qualquer pessoa as entende.

As fábulas e parábolas possuem um poder de comunicação há muito reconhecido. Bem antes da era cristã, elas já eram usadas por filósofos e outros sábios para comunicar uma realidade, cujas palavras, se ditas diretamente, não teriam o mesmo entendimento e a mesma eficácia da linguagem figurada. Foi assim com Esopo, Fedro, La Fontaine e tantos outros. Esopo viveu na Grécia antiga, século IV a.C, e a ele é atribuída a paternidade desse gênero literário tão eficaz, seguido por muitos, até os dias de hoje.

As fábulas e parábolas são histórias curtas, que usam de caráter moral e alegórico para descreverem situações reais e indicarem procedimentos corretos para uma situação concreta. Sua eficácia consiste em dizer o indizível, em ocultar o real sob uma capa alegórica, para evidenciá-lo com mais força.

Era o que Jesus fazia ao dizer as coisas por meio de parábolas, conferindo a esse gênero literário um aspecto divino de comunicação. Divino no sentido de não se esgotar em si mesmo, de poder dizer para todos, indistintamente e nas mais diversas circunstâncias, aquilo que ele desejava ensinar. Da criança ao adulto, do pobre ao rico, todos podem entender, a sua maneira, a mensagem dada. E, assim, as parábolas bíblicas se eternizaram como Palavra de Deus e continuam ensinando o reto agir, alertando diante de todas as situações.

Como os antigos sábios, que usavam da cultura popular para compor suas fábulas, Jesus também usava esse mesmo recurso. Suas parábolas são, na maioria, agrárias e versam sobre os mais diversificados temas, dentre eles o da administração.

Com base nesse gênero literário, reuni aqui uma série de parábolas que versam sobre a gestão paroquial e seus correlatos. São fábulas por mim adaptadas ou criadas, ou ainda reproduzidas literalmente, com a finalidade de orientar os administradores eclesiais em sua árdua missão de gerir uma paróquia. Cada uma delas contém mensagens e indicativos que, se colocados em prática, farão de nossas paróquias um espaço de missão.

Elas não seguem, aqui, uma ordem lógica, nem estão separadas por temas ou similaridades entre si, mas foram disponibilizadas aleatoriamente, de acordo com o momento vivido. Cada uma tem sua particularidade e pode servir para responder a diversas questões e situações. Elas podem ser usadas em homilias, retiros, na catequese, no complemento da formação de agentes de pastoral e para ilustrar situações vividas na comunidade. À vista disso, este livro pode servir como recurso didático em diversos setores e diversas áreas da paróquia, principalmente para a formação dos membros do Conselho Econômico Paroquial, que encontrarão aqui um rico material para seus procedimentos administrativos e pastorais.

Entre os temas contemplados nestas parábolas, estão os segredos de gerenciar bem uma paróquia, oferecendo estratégias eficazes para todas as áreas, como, por exemplo, a gestão de pessoas e de negócios, a administração dos bens sagrados e simbólicos. Há também dicas importantes para as lideranças pastorais de como fazer dessas lideranças parceiras na arte de administrar tanto as questões econômicas quanto as pastorais. Algumas fábulas indicam pistas preciosas para solucionar conflitos que surgirem na comunidade, bem como ajudar as lideranças a descobrirem suas próprias falhas e corrigi-las no tempo certo. Sem contar que elas também ajudam a identificar um bom gestor paroquial, indicando caminhos e procedimentos que favorecem as conquistas e a realização de metas, pastorais ou financeiras.

Ao falar de gestão eclesial, neste livro, não falo apenas da parte técnica e burocrática de uma administração, mas também da gestão de bens simbólicos e de pessoas. Assim sendo, reuni aqui algumas parábolas que tratam das questões de cunho pessoal, que ajudam a lidar com as diferenças existentes na comunidade, quando elas geram desentendimentos. Também indico parábolas que facilitam o uso de ferramentas, como, por exemplo, a Bíblia e os subsídios produzidos pela paróquia, pela diocese e pela Igreja de um modo geral, no trabalho pastoral, a fim de que elas sejam mais eficazes e produzam os resultados esperados.

As fábulas e parábolas aqui reunidas não são mágicas, mas, sendo bem empregadas, podem favorecer o entendimento da conjuntura paroquial e, assim, ajudar na arte de gerir a paróquia. Elas ajudarão a entender melhor as diversas situações vividas na paróquia, a descobrir os campos de missão e a fazer discernimentos pastorais por meio de alegorias pertinentes à realidade. Ao descobrir os tesouros pessoais e da comunidade, o gestor terá oportunidade de administrá-los corretamente e multiplicá-los. Tudo isso com prudência e perspicácia, como pede o manual do bom administrador, aquele que é fiel e prudente e cuida bem dos bens de seu senhor, multiplicando--os, como ensina a parábola bíblica dos talentos (Mt 25,14-30).

Todas essas situações estão contempladas nas fábulas e parábolas aqui reunidas. Cabe a cada um aproveitá-las da melhor maneira possível. Enfim, este livro pretende ser um manual do gestor eclesial. Um manual que usa histórias, que nunca existiram e que, por isso, existirão sempre. Parábolas são eternas porque se reinventam e, de alguma forma, tratam de situações do dia a dia das pessoas e, neste caso, do dia a dia das paróquias e daqueles que nela estão envolvidos. Estes contos, embora alegóricos, ajudam a elucidar situações reais. Eles têm caráter pedagógico, e sua função é facilitar o convívio em comunidade, estabelecendo condutas que favorecem a gestão da vida e da missão.

1
O segredo do sucesso na missão de gerenciar uma paróquia

Um pároco pediu, certa vez, a seu bispo que o ajudasse a melhorar sua paróquia, que tinha pouco êxito em seus trabalhos pastorais e missionários; inclusive a arrecadação do dízimo havia tido forte queda. Como se não bastasse, o número de participantes nas missas havia caído bruscamente e as celebrações estavam ficando cada vez mais vazias.

O bispo escreveu algo em um pedaço de papel e o colocou dentro da réplica de um tríptico – uma espécie de oratório, pintado com a imagem da ascensão de Jesus Cristo e cenas do Evangelho, inspiradas na arte peruana da região de Cusco –, feito sob encomenda a pedido do Papa Bento XV para oferecer à V Conferência de Aparecida e ao projeto de evangelização, "a missão continental".

O bispo fechou a caixa do tríptico, com a mensagem dentro, e entregou ao padre, dizendo:

– Leve o tríptico por todo o território de sua paróquia, uma vez ao dia, durante um ano. O padre assustou com a proposta, que parecia algo meio mágico, mas, como era um pedido do bispo, resolveu acatar.

Assim fez o padre. Pela manhã, ao chegar ao expediente paroquial com o tríptico, encontrou a secretária conversando com uma amiga pela internet, quando deveria estar atendendo as pessoas. Chamou sua atenção e disse que, no horário de trabalho, não era para perder tempo com conversas particulares e aproveitou para orientá-la sobre seu serviço e como atender bem as pessoas. O padre nunca tinha observado que ela passava a maior parte do tempo na internet, em vez de se dedicar aos trabalhos do expediente paroquial.

Saindo dali, foi à igreja e encontrou o zelador dormindo em um dos bancos, quando deveria estar trabalhando. Acordou-o e mostrou o tríptico que o bispo havia confiado à paróquia. Meio sem jeito, por ter sido flagrado pelo padre, dormindo em horário de trabalho, tratou de arranjar uma desculpa.

– Dormi muito mal esta noite devido a uma forte dor de cabeça e agora estou com dificuldade de me concentrar no trabalho. O padre o abençoou e mostrou a peça que trazia nos braços. Falou que ela era muito importante e que levaria muitas mudanças à paróquia e à vida de quem fosse fiel aos propósitos de Jesus. Em seguida, com muito jeito, indicou quais eram os serviços a serem feitos e como aproveitar bem o dia de trabalho, mesmo que não houvesse ninguém por perto. Disse o quanto a comunidade precisava do trabalho dele e como era importante a função que ele desempenhava. O funcionário pediu desculpas, agradeceu e voltou para seu posto de trabalho. A partir daquele dia, a igreja passou a ficar muito bem cuidada. Todos que chegavam elogiavam seu trabalho, e ele se sentia cada vez mais valorizado. Sua motivação o fez cuidar bem não apenas da limpeza, mas do jardim e de tudo que lhe era confiado. O padre passava todos os dias para ver como ele estava e levava junto a peça abençoada.

Depois foi a uma das capelas da paróquia, que estava em obras, e encontrou os pedreiros jogando cartas. Quando eles viram o padre, trataram logo de voltar ao trabalho, nem foi preciso chamar-lhes a atenção. O padre aproveitou a visita à obra para indicar o que deveria ser feito e prometeu passar ali todos os dias para conferir o andamento do trabalho. Apresentou o tríptico a eles e, juntos, fizeram uma oração. Depois se dirigiu ao salão paroquial, onde deveria estar acontecendo uma reunião de pastoral. Em vez de encontrar as pessoas reunidas e tratando dos assuntos relativos à pastoral, o que o padre encontrou foi um grupo de senhoras jogando bingo. Logo que viram o padre trataram de justificar:

– Não veio quase ninguém para a reunião e aproveitamos para jogar um pouco.

O padre ficou surpreso, mas aproveitou a ocasião para orientá-las sobre a necessidade de levar a sério os trabalhos pastorais, mesmo que o grupo fosse reduzido. Lembrou-as de que onde dois ou mais estivessem reunidos em nome de Jesus, Ele estaria no meio deles e que não havia motivo para cancelar a reunião só porque alguns não puderam comparecer. Além disso, não ficava bem jogar bingo nas dependências da igreja. Apresentou o tríptico para elas e rezaram juntos. Elas retornaram para a reunião e prometeram que, daquele dia em diante, levariam mais a sério os trabalhos pastorais da paróquia.

Ao meio-dia, quando o padre foi com o tríptico ao projeto social da paróquia, encontrou toda a equipe de voluntários conversando descontraidamente enquanto as crianças que deveriam ser atendidas estavam sujas, sem alimento e com frio. Ficou muito bravo e ameaçou fechar o projeto se ela não fosse mais comprometida com o trabalho. Depois de uma longa conversa e de visitar todas as dependências da casa, rezou com todos e prometeu visitar constantemente o local, trazendo sempre aquele oratório para rezarem juntos.

E, à noite, indo à cozinha com a caixa, deu-se conta de que a cozinheira estava desperdiçando os gêneros alimentícios do jantar. Deu a ela as devidas orientações de como reaproveitar os alimentos, e ela agradeceu isso. Contou sobre a história do tríptico, o que a deixou muito comovida. Desde aquele dia, não houve mais desperdício de alimento e houve uma significativa economia nas despesas da casa paroquial.

A partir daí, todos os dias, ao percorrer o território de sua paróquia, de um lado para outro, com o tríptico nos braços, encontrava coisas que deveriam ser corrigidas. No final do mês, ele começou a perceber grandes mudanças. A paróquia foi se transformando em um verdadeiro modelo de paróquia.

Ao final do ano, voltou a encontrar o bispo e disse-lhe:

– Deixe o tríptico comigo por mais um ano. Minha paróquia melhorou muito desde que estou com ele.

O bispo riu e, abrindo a caixa do tríptico, disse:

– Pode ter este tríptico pelo resto de sua vida.

No papel que ele havia colocado na caixinha do tríptico estava escrita a seguinte frase: “Se você quer que as coisas melhorem na sua paróquia, deve acompanhá-la constantemente”.

Moral da história: muitas coisas não funcionam bem em nossas paróquias porque não as acompanhamos como deveríamos, ou não lhes damos a devida atenção. A partir do momento que passamos a observar, detectar e corrigir as falhas, as coisas melhoram.

2
Estratégias para detectar um funcionário eficiente

Maria trabalhava na secretaria de uma Paróquia há muitos anos. Funcionária séria, dedicada, cumpridora de suas obrigações já estava com seus vinte anos de casa. Um belo dia, ela procurou o pároco para fazer uma reclamação:

– Padre, eu tenho trabalhado durante estes vinte anos nesta Paróquia com toda a dedicação, só que me sinto um tanto quanto injustiçada. A Ana, que está conosco há somente três anos, está ganhando mais do que eu.

O padre escutou atentamente e disse:

– Maria foi muito bom você vir aqui. Antes de tocarmos nesse assunto, tenho um problema para resolver e gostaria de sua ajuda. Estou querendo oferecer frutas como sobremesa no almoço da reunião do clero da próxima semana. Aqui na esquina tem uma quitanda. Por favor, vá até lá e verifique se eles têm abacaxi.

Maria, meio sem jeito, saiu da sala e foi cumprir a missão. Em cinco minutos estava de volta.

– E aí, Maria?

– Verifiquei como o senhor mandou. O moço tem abacaxi.

– E quanto custa?

– Isso eu não perguntei não.

– Eles têm quantidade suficiente para atender a todos os padres?

– Também não perguntei isso, não.

– Há alguma outra fruta que possa substituir o abacaxi?

– Não sei, não...

O padre pegou o telefone e mandou chamar a Ana. Deu a ela a mesma orientação que dera a Maria:

– Estou querendo oferecer frutas como sobremesa na reunião do clero da próxima semana. Aqui na esquina tem uma quitanda. Por favor, vá até lá e verifique se eles têm abacaxi.

Em oito minutos a Ana voltou.

– Eles têm abacaxi, sim, e em quantidade suficiente para todo o clero; e, se o senhor preferir, tem também laranja, banana e mamão. O abacaxi é vendido a R$ 2,50 cada; a banana e o mamão a R$ 1,75 o quilo; melão R$ 1,20 a unidade e a laranja a R$ 20,00 o cento, já descascada. Como eu disse que a compra seria em grande quantidade, eles darão um desconto de 15%. Aí aproveitei e já deixei reservado. Conforme o senhor decidir, volto lá e confirmo, explicou Ana.

Agradecendo as informações, o padre dispensou-a para retornar ao trabalho. Voltou-se para a Maria, que permanecia sentada ao lado, e perguntou-lhe:

– Maria, o que foi mesmo que você estava me dizendo?

Moral da história: é preciso que se tenha iniciativa para detectar necessidades, ter espírito empreendedor, ser eficiente nas atividades, responder com presteza e eficiências a tudo o que lhe for pedido, sem fazer comparações. Não colocar sobre os ombros dos outros a culpa de nossos fracassos, nossa acomodação ou ineficiência. Assumir responsabilidades é a palavra-chave quando se trata de missão ou profissão.

3
Como identificar o perfil, líder, de um agente de pastoral

A paróquia estava precisando de uma nova secretária. A etapa final do processo de seleção era a entrevista com o pároco. No anúncio foi pedido que se apresentassem aquelas pessoas que tivessem alguma experiência na área. No primeiro dia do anúncio, duas se apresentaram. Para a primeira, o pároco perguntou como era a secretaria paroquial onde ela trabalhou antes. Ela respondeu:

– Uma bagunça, tudo fora de lugar. Quando precisava de algum documento levava horas para encontrar e, às vezes, nem encontrava. Confesso que não gostava de trabalhar lá porque gosto das coisas bem organizadas.

O padre logo imaginou: aqui, com sua presença será do mesmo jeito.

Ele fez a mesma pergunta para a segunda, que respondeu:

– Era uma maravilha, tudo estava sempre em seu devido lugar. Havia um arquivo tão bem organizado que em questão de minutos se encontravam os documentos. Senti muito quando saí de lá porque amava meu trabalho.

Para quem você acha que foi dada a vaga de secretária paroquial? É óbvio que foi para a segunda.

Moral da história: é assim que acontece com a paróquia, em todas as suas repartições e seus organismos: ela será aquilo que são seus agentes, sejam eles voluntários ou funcionários. Uma secretaria paroquial bem organizada reflete a organização das pessoas que ali atendem; e o contrário também. Uma pastoral funcionará bem à medida que a pessoa que a coordena for eficiente.

4
A chave para o bom êxito na gestão de uma paróquia

Padre João, um pároco com verdadeiro espírito missionário, diante dos grandes desafios que enfrentava e dos apelos da Igreja, resolveu que colocaria sua paróquia em estado permanente de missão. Porém, entre seus desafios, estava um número pequeno de agente de pastoral. Sempre as mesmas pessoas faziam as mesmas coisas. Padre João havia lido o Documento de Aparecida, conhecia o Projeto Nacional de Evangelização do "Brasil na missão continental" e confiava em seus métodos, pois tinha um grande ardor missionário. O problema era seus agentes que, além de estarem em número reduzido, estavam cheios de dúvidas e receios e diziam que aquilo não ia dar certo, dado o tamanho do empreendimento missionário que padre João tinha como propósito. Alguns deles recusavam-se a assumir tal projeto missionário, por acharem que não valeria a pena.

Padre João, então, em uma reunião, disse aos agentes de pastoral:

– Vou rezar diante Santíssimo e pedir conselhos. Depois farei o seguinte: colocarei dentro de uma caixa papéis em quantias iguais, escritos "missão" e "acomodação". Em seguida, vamos misturar bem os papéis e retirarmos um. Se sair a palavra "missão", é porque Deus nos reserva a vitória no projeto apreendido e, então, podemos abraçar essa causa sem medo; se sair a palavra "acomodação", é porque Deus não aprova essa ideia e, então, desistiremos desse projeto.

Alguém do grupo se prontificou a retirar um papel da caixa. Saiu a palavra "missão". Os agentes de pastoral se entusiasmaram com o que Deus lhes reservava. Saíram da reunião com o propósito de assumir com afinco o ideal missionário. A partir de então esse ideal deixou de ser apenas do padre João e passou a ser de todo o grupo. Eles trabalharam com ardor, determinação e empenho e, apesar do número reduzido de pessoas no início dos trabalhos, conseguiram outros agentes que, aos poucos, foram se tornando discípulos missionários, e o projeto de uma missão permanente na paróquia começou a dar bons resultados.

No final do ano, na assembleia paroquial, no momento da avaliação da missão, um dos missionários, orgulhoso da missão paroquial, comentou:

– Ninguém pode mudar a vontade de Deus. Com tão poucos agentes de pastoral, conseguimos que a missão acontecesse e fosse um sucesso!

Então padre João, sem nada lhe responder, sorriu apenas e, em segredo, contemplou a caixa de papéis que ele havia guardado até então. Em todos os papéis que ele havia colocado na caixa estava escrita a palavra "missão".

Essa é uma parábola que demonstra perfeitamente como os riscos estão diretamente ligados às atitudes. Padre João sabia dos riscos que corria implantando um ousado projeto missionário na paróquia, mas, ainda assim, por ser um homem de fé, acreditava na vitória e na conquista de seus objetivos missionários.

Observe que a motivação que padre João deu para seus agentes de pastoral foi primordial para o resultado da missão.

Moral da história: a atitude determina o caminho para o fracasso ou para o sucesso. Acreditar é o segredo do sucesso.

5

Critérios para escolher um bom coordenador de pastoral

Um pároco de uma importante paróquia tinha diversos agentes de pastoral e queria escolher um deles para ser o coordenador do Conselho Paroquial de Pastoral.

Selecionou três que ele achava mais preparados para a função. A decisão estava muito difícil, porque todos pareciam ser muito atuantes, empenhados e corajosos. Além disso, eles eram muito unidos, e o pároco não encontrava uma forma de fazer a escolha. Então, procurou o bispo, que lhe deu uma ideia.

O pároco voltou para sua paróquia, chamou os três agentes de pastoral, deu a cada um deles uma Bíblia e avisou que partiria para um curso no exterior:

– Eu ficarei fora durante um tempo para estudar. Um ano ou talvez mais. Vocês terão de me devolver estas Bíblias quando eu retornar. E aquele que cuidar melhor delas será escolhido o coordenador do Conselho Paroquial de Pastoral!

O primeiro pensou:

– O que eu deveria fazer com esta Bíblia?

E então guardou a Bíblia em um cofre, raciocinando que, quando o padre voltasse, ele devolveria a Bíblia como a havia recebido.

O segundo pensou:

– Se eu guardar a Bíblia, como meu amigo fez, suas folhas ficarão amarelas e ela mofará, não servindo para nada.

Assim ele foi a uma livraria de artigos religiosos, vendeu a Bíblia e guardou o dinheiro.

– Quando meu pároco voltar, comprarei uma Bíblia nova e melhor do que a que ele me deu, planejou.

O terceiro pegou a Bíblia, formou um grupo de reflexão e começou a estudá-la com o grupo, utilizando o método da *Lectio Divina*. As pessoas começaram a se interessar pela Palavra de Deus, e cada um adquiriu sua Bíblia. Aos poucos, novos grupos foram sendo formados e, em pouco tempo, a comunidade toda se reunia pelo menos uma vez por semana para ler a Bíblia.

Um ano e meio depois, quando o pároco voltou, o primeiro agente de pastoral abriu o cofre.

A Bíblia estava toda amarela e com mofo.

O pároco perguntou:

– É a Bíblia que dei a você? Ela tinha a possibilidade de ser lida, meditada, partilhada e de ajudar muita gente a ter acesso à Palavra de Deus, mas se tornou letra morta.

O segundo correu para a livraria, comprou uma Bíblia novinha, capa dura e margens douradas, voltou e deu-a ao padre. Assim, ele poderia doá-la à outra pessoa.

– Sua ideia foi melhor, mas você não criou nada de especial –, afirmou o pároco.

Então, perguntou ao terceiro;

– E você, o que fez com a Bíblia?

O rapaz se levantou e convidou o padre para ir até uma das comunidades da paróquia. Ao chegar lá, o padre deparou-se com vários grupos lendo e debatendo a Palavra de Deus. Saiu dali e encontrou outros e outros grupos fazendo a mesma coisa.

E o rapaz explicou o que aconteceu, todo constrangido, imaginando que teria feito tudo errado.

– É a Bíblia que o senhor me deu.

O padre então o abraçou e disse:

– Você é o coordenador do Conselho Paroquial de Pastoral da paróquia. Essa é a maneira correta de proceder com o bem mais precioso da comunidade.

Daquele dia em diante, ele foi escolhido o coordenador do Conselho Paroquial de Pastoral e procurou formar comunidades que se reuniam em torno da Palavra de Deus. A paróquia, em pouco tempo, transformou-se em redes de comunidades e muitas outras lideranças surgiram.

Moral da história: muitos, em nossas paróquias, têm o hábito de guardar para si seus bens, seus dons, seus talentos e os conhecimentos que possuem. Com essa atitude, os bens ficam estagnados e desaparecem, sem gerarem outros conhecimentos. Todos perdem com isso. Ninguém acende uma lâmpada para colocá-la debaixo de uma vasilha (Mt 5,15). A Palavra de Deus não pode ser guardada no cofre. Para ser conhecida e gerar novos conhecimentos, ela precisa ser lida, meditada, partilhada e multiplicada, como fez o terceiro agente de pastoral. Assim teremos uma paróquia comunidade de comunidades, em estado permanente de missão. Para justificar a parábola acima, leia a parábola dos talentos (Mt 25,14-29)

6
Pistas para solucionar problemas pessoais que atrapalham o trabalho na comunidade

– Padre, perguntou uma senhora da comunidade que ajudava na equipe de liturgia, como faço para não me aborrecer nesta paróquia? Algumas pessoas falam demais, outras são ignorantes e fofoqueiras. Algumas são indiferentes e outras reclamam de tudo. Sinto raiva das que são mentirosas. Sofro com as que caluniam.

– Viva como as flores, advertiu o padre!

– Como é viver como as flores, perguntou a mulher?

O padre levou-a até o jardim da casa paroquial e disse:

– Repare naquelas flores, apontando as rosas que cresciam no jardim, em meio ao esterco que o jardineiro havia colocado. Elas nascem no esterco, entretanto são puras e perfumadas. Extraem do adubo malcheiroso tudo que lhes é útil e saudável, mas não permitem que o azedume da terra manche o frescor de suas pétalas. É justo angustiar-se com as próprias culpas, mas não é sábio permitir que os vícios dos outros a importunem. Os defeitos delas são delas e não seus. Se não são seus, não há razão para aborrecimento. Exercite, pois, a virtude de rejeitar todo mal que vem de fora, se você quer continuar fazendo um bom trabalho na comunidade. Isso é viver como as flores.

Moral da história: às vezes, deixamos que os pequenos problemas do dia a dia da vida paroquial nos afetem a ponto de interferirem na qualidade de nosso serviço à comunidade. Muitos se afastam por intrigas e situações particulares mal resolvidas. É possível ser um bom agente de pastoral e fazer um bom trabalho na paróquia, mesmo que ela não seja a comunidade ideal.

7
Dicas para uma gestão pastoral eficaz

Certa vez, um velho padre, conhecido por sempre organizar muito bem as paróquias por onde passava, foi desafiado por outro padre jovem e cheio de entusiasmo, no início da missão sacerdotal, para uma disputa pastoral a fim de ver quem conseguiria primeiro implantar um projeto missionário na paróquia, pedido pelo bispo. Na cidade havia apenas as duas paróquias, e o desafio lançado pelo jovem padre chamou atenção dos paroquianos de ambas as paróquias. Muitos acreditavam que finalmente o velho padre, com seus conceitos teológicos e suas ideias, supostamente ultrapassadas, perderia a condição de pároco mais organizado da diocese, em função da grande vantagem da juventude e do ardor missionário do jovem padre, recém-ordenado.

Iniciou-se o ano, e os dois párocos começaram a desenvolver os trabalhos e as estratégias de administração paroquial, implantando projetos pastorais e missionários, conforme a orientação da diocese. O jovem padre se entregou com grande energia e estava convicto de que sua paróquia, em pouco tempo, seria modelo na diocese. Não parava um instante: visitava muitas famílias ao dia, fazia refeição com elas, corria de um lado para o outro, sem tempo para ouvir as pessoas. Sua agenda estava repleta de compromissos, e ter uma hora com ele era quase impossível. Ler, estudar ou mesmo parar para rezar, nem pensar. Havia muito o que fazer na paróquia. De tempos em tempos ele olhava para os trabalhos desenvolvidos pelo velho padre da paróquia vizinha e percebia que ele, às vezes, estava reunido com pessoas em animadas conversas, outras, fechado em uma sala, atendendo pessoas ou rezando diante do Santíssimo. Isso quando não o via na varanda de sua casa lendo algum livro ou revista. Parecia já ter cumprido sua missão e agora só lhe restava descansar, sem pressa para mais nada. Pensou que o amigo estava velho demais para administrar uma paróquia e continuou correndo de um lado para o outro, em um ativismo desenfreado, no afã de aprumar a paróquia em tempo recorde.

Ao final do ano, na assembleia da diocese, o bispo pediu que cada pároco apresentasse um balanço das atividades pastorais de sua paróquia. Pasmem! O dízimo da paróquia vizinha, a do velho padre, teve a melhor arrecadação. O balanço financeiro foi suficiente para sanar todas as despesas da paróquia e ainda deu para ajudar outros projetos missionários ad gentes da Igreja. O velho pároco apresentou o projeto paroquial de missão permanente mais ousado da diocese, deixando o projeto da paróquia do jovem padre em uma posição irrelevante.

Intrigado, o jovem padre questionou o velho:

– Não entendo por que sua paróquia se destacou. Todas as vezes que passei por sua paróquia, notava que o senhor estava sentado com um grupo, conversando, ou rezando, ou lendo algo e, no entanto, conseguiu desenvolver um trabalho pastoral muito mais ousado que o meu, que não parei um instante sequer. Como pode?

– Engano seu!, disse o velho padre. Quando você me via sentado, na verdade, eu estava estudando ou formando lideranças pastorais para assumir os trabalhos missionários na paróquia. Um padre, sozinho, não consegue muita coisa, mesmo que ele seja jovem e tenha toda a boa vontade do mundo. Percebi que você usava muita força física e pouco trabalho em equipe, por isso obtinha pouco resultado. Você se desgastava, concentrando todos os trabalhos em torno de si e não distribuía funções. Em qualquer gestão, essa maneira de trabalhar dá pouco resultado. Uma gestão é eficaz quando o pároco, ou quem faz sua vez, forma líderes e delega funções. Assim ele forma verdadeiras comunidades e não uma paróquia, na qual tudo gira em torno de sua figura.

Moral da história: esta parábola nos ensina uma importante lição que podemos aplicar enquanto padres, independentemente da idade que temos: muitos padres acreditam que apenas o conhecimento teórico é suficiente para vencer os desafios do dia a dia da gestão paroquial. No entanto, é preciso muito mais do que isso. Assim como o jovem padre, que acreditava que sua jovialidade e entusiasmo eram suficientes para a realização de uma administração paroquial que fosse modelo, muitos padres também acreditam que a formação de lideranças e a participação dos leigos na missão paroquial, agregadas ao ardor missionário, sejam importantes para realizar uma boa gestão. Como o velho padre que sabia ser necessário, ter paciência e gastar tempo para formar seus agentes, permanentemente, para que pudessem desempenhar a tarefa em conjunto, o gestor eclesial eficaz entende que é necessário um conjunto de outras habilidades e pessoas para fazer com que seus conhecimentos técnicos e teóricos possam ser úteis à organização e administração paroquial. Ele precisará também "formar e se informar" todos os dias.

8
Como ajudar as lideranças pastorais a reverem as próprias falhas

Certa paróquia passava por problemas de relacionamento entre seus agentes de pastoral e o padre. Havia muita intriga, desavenças e profundos desentendimentos. Um jogava a culpa no outro pelos problemas da comunidade e, no final, sobrava para o padre. Se a paróquia não ia bem, a culpa era do padre, que não sabia conduzir a comunidade e gerir a paróquia como deveria. Se as coisas iam bem, ninguém comentava nada. Não faltavam argumentos para criticar uns aos outros. Todos apontavam os problemas, mas ninguém indicava uma solução.

Diante dessa situação, o padre resolveu convocar uma assembleia paroquial, prometendo que, nessa ocasião, mostraria onde estava o problema da comunidade, e contou com a ajuda de todos para solucioná-lo.

Todos ficaram ansiosos pelo dia da assembleia, quando seria apontada a causa de tantas desavenças na comunidade. Como as notícias corriam bem depressa, em pouco tempo a paróquia inteira já sabia do evento e da promessa feita pelo padre, e todos, como diz o ditado popular, queriam ver para crer.

Chegou o grande dia. Nunca uma assembleia na paróquia teve tantos participantes. Além dos coordenadores de pastoral, movimentos, grupos e associações da paróquia, vieram também pessoas que tinham se afastado da comunidade devido aos problemas. Havia também membros que atuavam em diversos organismos da paróquia que, embora descontentes com os problemas, ainda insistiam em continuar participando, apesar dos pesares. Como a assembleia foi aberta para toda a comunidade, vieram também aqueles que não tinham nenhum trabalho na comunidade, os que só vinham para as celebrações. Havia até "católicos de ocasião", aqueles que iam às missas somente em ocasiões especiais (batizados, casamentos e missa do sétimo dia). Eles queriam saber qual era a o problema que acontecia na paróquia, que até o bispo já estava sabendo, e qual a solução "mágica" que o padre apresentaria.

O salão da paróquia estava repleto. As pessoas demonstravam muito interesse, e o falatório, antes de iniciar a assembleia, era o feito prometido pelo padre. Alguns chegavam a comentar:

– Quem será que o padre vai desmascarar hoje? Será que sou eu?, diziam uns.

Outros se antecipavam a apontar pessoas:

– É a fulana de tal. Viu como ela se assentou no fundo.

– Não, diziam outras. É o sicrano. Você viu que ele nem veio para a assembleia.

E, assim, todos queriam antecipar a identificação do problema, colocando a culpa em determinadas pessoas.

O padre iniciou a assembleia lendo, propositalmente, o texto do Evangelho de Mateus (7,3-5) que dizia: "Por que você fica olhando o cisco no olho de seu irmão, e não presta atenção à trave que está em seu próprio olho? Ou, como você se atreve a dizer ao seu irmão: 'deixe-me tirar o cisco de seu olho', quando você mesmo tem uma trave no seu? Hipócrita, tire primeiro a trave de seu próprio olho, e então você enxergará bem para tirar o cisco do olho de seu irmão".

Houve um profundo silêncio na assembleia. As pessoas se entreolhavam. Alguns abaixavam a cabeça. E o padre continuou:

– Vamos dar início aos trabalhos de nossa assembleia paroquial, com uma dinâmica. Ela irá revelar onde está o problema que atinge nossa comunidade. Uma vez identificado o problema, vamos buscar juntos a solução. Vocês aceitam o desafio?, perguntou o padre.

– Sim, aceitamos, respondeu em coro a assembleia.

E o padre começou o ritual da esperada dinâmica, que iria revelar onde estava o problema da comunidade.

Ele pediu que as pessoas se colocassem em círculo na sala. Foi barulho de cadeira sendo arrastada para todo lado. Enquanto isso, ele se dirigiu à sala ao lado e trouxe uma bonita caixa, com tampa, toda ornamentada com papel colorido e fitas, como as usadas para presentes. Colocou-a sobre uma mesa ao centro, aguçando a curiosidade de todos.

– Está aqui dentro o problema da comunidade. Levei um bom tempo para capturá-lo. Foi preciso observação, atenção e estudo, mas finalmente posso apresentá-lo a vocês.

E comentou:

– Não se assustem. O problema é realmente sério.

Em seguida, o padre explicou como seria a dinâmica:

– A caixa deve permanecer fechada. Uma pessoa por vez se aproximará dela, abrirá sua tampa, com cautela, olhará para dentro dela e então verá o problema que tanto atinge nossa comunidade.

E pediu a todos:

– Enquanto a pessoa vir o problema, cara a cara, os demais deverão observar atentamente sua reação. Quem já viu o problema não deve comentar com o outro, enquanto a dinâmica não terminar. Deve, portanto, voltar para seu lugar e ficar em silêncio, pensando na solução para o problema visto.

E a dinâmica começou.

Primeiro foi a dona Marisa, coordenadora do Apostolado da Oração.

Ela aproximou-se da caixa, pé ante pé, e levantou a tampa. Olhou e ruborizou. Ficou da cor da fita que trazia no pescoço. Voltou de cabeça baixa para seu lugar. As pessoas se perguntavam:

– O que será que ela viu dentro da caixa que a deixou desse jeito?

O padre pedia que todos continuassem a observar, em silêncio.

Depois foi a vez do João, coordenador do Conselho de Assuntos Econômicos. Olhou e fez cara de espanto. Saiu com um sorriso amarelo e olhando assustado para os lados. A curiosidade dos demais ia aumentando cada vez mais.

Assim, sucessivamente, um a um, todos olharam e viram o problema que atingia a comunidade. Cada um teve uma reação distinta. Uns riam, outros fechavam a cara, outros ainda esboçavam uma reação de desdém. Teve até quem se emocionasse e voltasse com os olhos marejados para seu lugar. Enfim, foram muitas e distintas as reações, e todos puderam ver qual era o problema.

O que havia de tão importante dentro daquela caixa que suscitou reações tão diferentes dos participantes? O que cada um viu que o deixou desconfortado?

No fundo da caixa não havia nada mais que um espelho. Cada um pôde ver ali seu rosto refletido. Daí a reação de desconforto. As pessoas entenderam a mensagem e sentiram envergonhadas por terem culpado os outros pelos problemas da comunidade.

Ao término da dinâmica, houve partilha. As pessoas puderam expressar o que sentiram e como viram os sentimentos dos outros. Muita coisa importante emergiu dessa partilha, inclusive as soluções para o problema da comunidade. A assembleia foi um sucesso, atingiu seu objetivo e a comunidade voltou a ter paz.

Moral da história: quando procuramos olhar para dentro de nós mesmos e corrigir nossas faltas, em vez de ficarmos olhando e criticando o problema dos outros, evitamos muitos problemas na comunidade. A maioria dos problemas de nossas paróquias está relacionada à necessidade de uma conversão pessoal e pastoral, como pede o objetivo geral do Projeto Nacional de Evangelização "O Brasil na Missão Continental". É preciso abrir-se ao impulso do Espírito Santo e incentivar, nas comunidades e em cada batizado, o processo de conversão pessoal e pastoral; isso só será possível se conseguirmos olhar para dentro de nós mesmos e enxergar nossos problemas em vez de ficarmos olhando apenas para os problemas dos outros.

9

Como fazer dos desafios e das opiniões divergentes motivos de crescimento

Havia um padre reverenciado pelo povo como homem de Deus. Nenhum dia se passava sem que uma multidão se colocasse à porta do expediente paroquial buscando os conselhos, ou a bênção do santo homem de Deus. Suas missas eram cheias, e todos participavam com entusiasmo. Queriam beber de sua sabedoria, ouvir suas belas reflexões e mergulhar no mistério do amor de Deus proporcionado por suas celebrações Eucarísticas. Cada vez que o padre falava, nas homilias, as pessoas ouviam atentamente tudo o que ele dizia, bebendo suas palavras. Ele conseguia trazer para a realidade do dia a dia das pessoas a Palavra de Deus, e elas se maravilhavam com sua sabedoria.

Entretanto, havia na paróquia um sujeito desagradável, que não perdia a oportunidade de contradizer o padre. Notava suas fraquezas e desdenhava de seus defeitos, para a consternação dos paroquianos, que começaram a considerá-lo uma pessoa indesejável na comunidade. Bastava uma reunião, um encontro ou qualquer momento de formação da comunidade que lá estava essa pessoa, incomodando com suas críticas e seu comportamento desagradável.

Um dia essa pessoa "indesejável" ficou doente e morreu. Todos, de certa forma, suspiraram de alívio. Exteriormente, mantiveram a apropriada aparência solene, mas no coração estavam alegres, pois os cursos da paróquia e as homilias inspiradas do padre não mais seriam interrompidos, nem seu comportamento seria criticado por aquele herege desrespeitoso e inconveniente.

Por isso as pessoas ficaram surpresas ao ver o padre mergulhado em profunda tristeza no funeral de seu maior crítico.

Quando, mais tarde, um paroquiano perguntou-lhe se lamentava o destino eterno do morto, ele disse:

– Não, não. Por que deveria lamentar nosso amigo que agora está no céu? Era por mim mesmo que eu lamentava. O homem, afinal, era o único amigo que eu tinha. Agora estou cercado de pessoas que me reverenciam. Ele era o único que me desafiava. Com sua partida, temo parar de crescer.

Moral da história: muitas vezes, as pessoas, inclusive nós, os padres, reclamamos de nossos críticos, concorrentes, paroquianos exigentes e daquelas pessoas desagradáveis, que vivem colocando obstáculos e percebendo nossas falhas; porém são essas pessoas que avivam nossa vida, que nos fazem pensar, movimentar, fazer coisas diferentes, enfim, crescer. Assim, podemos ter a possibilidade de a cada dia nos tornarmos melhores.

10
Como identificar um bom gestor paroquial

Em duas paróquias vizinhas, viviam dois padres com procedimentos administrativos bem distintos um do outro. Um era tido como um exemplo de gestor eclesial, verdadeiro empreendedor, vencedor. Tudo em sua paróquia dava certo, e as pastorais e os trabalhos desempenhados por sua rede de comunidades eram também exemplares. Sua paróquia era tida como modelo na diocese, porque ele conseguiu fazer dela comunidades de comunidades, como havia pedido a Conferência de Aparecida. Além disso, a Pastoral do Dízimo funcionava muito bem. No balancete mensal apresentado pela cúria, era a paróquia que mais enviava contribuições. A arrecadação paroquial, somando o dízimo, as coletas e as doações, estava entre as mais elevadas. Os paroquianos tinham orgulho de dizer que eram membros daquela paróquia.

Na outra paróquia, porém, não acontecia a mesma coisa. Tudo parecia muito difícil. As pessoas não se entendiam. Os trabalhos não vingavam. Havia mais brigas que confraternizações. Entre os erros e acertos, sobressaíam os erros. Era sempre pouca gente fazendo muito coisa, e o padre, sempre atarefado, tentando resolver a carência de pessoal, de recursos e de pastorais.

Muitos se perguntavam:

– Por que na paróquia do padre X tudo caminha bem e na do padre Y tudo vai de mal a pior? O que há nessas duas realidades que as faz tão diferentes uma da outra?

Alguns chegavam mesmo a dizer que aquilo era praga de algum padre que passou por ali anos atrás. Não era possível uma situação daquela na paróquia do padre Y. As pessoas eram boas, o padre Y era bom e se esforçava. O que havia de errado?

Foi então que o Conselho diocesano de Pastoral, depois de inúmeras reclamações e comparações entre as duas paróquias, resolveu investigar a situação. Chamou os dois párocos e, depois de longa conversa, sugeriu aplicar-lhes um teste que iria detectar onde estava a raiz dessa situação tão desigual. O teste consistia em uma espécie de jogo, em que os dois padres tinham de resolver diversos problemas e diversas questões e, ao mesmo tempo, interagir entre si e com a equipe do Conselho diocesano de pastoral. Assim foi feito e, aos poucos, foi-se revelando dois tipos de comportamento bem distintos um do outro: um comportamento de vencedor e um comportamento de fracassado.

Quando o padre X cometia um erro, ele dizia:

– Desculpe-me, eu me equivoquei.

Quando o padre Y cometia um erro, ele dizia:

– Não foi minha culpa.

O padre X se empenhava no jogo e sempre terminava as tarefas antes do padre Y. Sobrava tempo e ele observava as regras da próxima etapa do jogo, calculava, raciocinava e fazia tudo muito bem pensado e planejado.

O padre Y estava mais preocupado com o que os outros estavam falando e perdia a concentração nas regras do jogo.

O jogo era repleto de problemas para serem resolvidos. Um verdadeiro quebra-cabeça, uma espécie de peça de xadrez, em que cada ação devia ser muito bem planejada antes de ser executada.

O padre X enfrentava e superava os problemas com empenho e dedicação. Resolvia as questões pendentes com mais agilidade e segurança.

O padre Y dava voltas e nunca conseguia resolvê-las em tempo hábil.

O padre X se comprometia com o jogo.

O padre Y fazia promessas.

O padre X dizia:

– Eu sou bom, porém não tão bom como eu gostaria de ser.

O padre Y dizia:

– Eu não sou tão ruim como tantos outros.

Quando uma questão era lançada, o padre X escutava, compreendia, questionava e respondia.

O padre Y somente esperava uma oportunidade para falar.

O padre X respeitava aqueles que sabiam mais que ele e tratava de aprender algo com eles.

O padre Y resistia àqueles que pareciam saber mais que ele e tratava de encontrar seus defeitos.

O padre X se sentia responsável por algo mais do que as regras do jogo. Sempre ajudava alguém que estivesse tendo dificuldade para resolver alguma questão.

O Y não colaborava e sempre dizia:

– Eu estou fazendo minha parte.

O padre X dizia:

– Deve haver melhor forma de fazê-lo.

O padre Y dizia:

– Esta é a maneira que sempre fiz.

No final do teste, a equipe que participou do jogo, para avaliar o potencial de gestão eclesial dos padres, chegou à conclusão de que o problema estava exatamente na maneira como cada um lidava com as situações. O padre X lidava com os problemas como um vencedor. O padre Y lidava com os problemas como um derrotado.

Moral da história: às vezes, o problema não está em nós nem na paróquia, mas na forma como lidamos com ele. Há pessoas que só conseguem enxergar o lado negativo das coisas, por isso não obtêm sucesso, enquanto outras enxergam o lado positivo e fazem do negativo um desafio a ser superado.

11
Como obter conquistas e atingir metas na gestão paroquial

Conta-se que certa vez dois irmãos foram admitidos em um mesmo seminário. Ambos tinham ainda pouca instrução, pois vinham da roça e não tiveram como estudar. No seminário tinham aulas pela manhã e, à tarde, ficavam livres para os estudos pessoais e as tarefas da casa.

Um dia, foi oferecida a oportunidade para todos os seminaristas que a quisessem de, após o término das aulas, ficarem até mais tarde e cursarem algum idioma.

Um dos irmãos imediatamente agarrou essa chance. O outro, porém, acomodado à própria situação, disse:

– Eu estou exausto de tanto estudar. Vou descansar.

Em outras ocasiões, a história se repetiu: oportunidades eram oferecidas – cursos de digitação, informática, noções de contabilidade, treinamentos em relacionamento humano etc –, um agarrava a oportunidade, investindo seu tempo no desenvolvimento pessoal e profissional; o outro, sempre com "belas" justificativas, apresentava desculpas das mais diversas tais como: e o meu futebol, meu programa de televisão, a minha pastoral, os meus amigos etc.

Passado algum tempo, os dois completaram as etapas dos estudos previstos para a ordenação. Um foi aprovado para ser ordenado, e o outro não. Aquele irmão que investira seu tempo com afinco em seu aperfeiçoamento foi se destacando como padre. O outro voltou para a roça, com sua família e lá não fez outra coisa a não ser cuidar da lavoura de seu pai e dos afazeres do campo, como um empregado, sem alimentar qualquer tipo de expectativa de melhores condições de vida.

O padre, apesar das responsabilidades de pároco, continuou seus estudos: fez mestrado, doutorado, pós-doutorado. Tornou-se um brilhante e respeitado intelectual. O outro, sem diploma, foi aos poucos esquecendo o que tinha aprendido no seminário. Nunca mais leu um livro sequer. Sua vida se limitava à pequena propriedade de seu pai. Tornou-se um lavrador como tantos outros, com pouco estudo e sem perspectivas. Casou, teve filhos e lutava dia e noite para poder sustentá-los.

Ao outro, à medida que iam surgindo oportunidades dentro da Diocese e da Igreja, elas eram oferecidas. E isso lhe exigia mais ainda empenho, e, prontamente, ele dedicava-se mais e mais...

Tempos depois, chegou a ser escolhido bispo, não apenas mais um bispo, mas sim um excelente bispo, querido por todos, amado em sua diocese. Anos depois, tornou-se arcebispo, chegando mais tarde ao grau do cardinalato.

Em sua cidade natal foi feita uma festa em homenagem ao novo cardeal.

Na festa, alguém que não sabia do parentesco entre o pobre lavrador e o então cardeal, aproximou-se daquele e disse:

– Formidável este cardeal!

– É... e ele é meu irmão..., disse o lavrador.

– Seu irmão?, clamou, incrédulo, o interlocutor.

– E ele é cardeal e você é um caipira?

– É... na vida ele teve sorte!, concluiu o lavrador.

Moral da história: toda conquista se deve a muito esforço e empenho. Nada na vida nos é dado sem que haja nossa dedicação e luta. Aquilo que muitos chamam de sorte nada mais é que o resultado de anos de esforço.

12

Táticas para acertar as diferenças na paróquia

Contam que, em certa paróquia, houve uma vez uma assembleia meio tumultuada. Foi uma reunião das lideranças pastorais para acertar suas diferenças.

O coordenador da pastoral da comunicação exerceu a presidência, mas os participantes lhe notificaram que teria de renunciar. A causa? Fazia demasiado barulho e, além do mais, passava todo o tempo buscando assuntos para contar nos meios de comunicação da paróquia e da cidade; o que acabava virando mais fofoca que comunicação. Ele aceitou sua culpa, mas pediu que também fosse destituída a ministra da Palavra, dizendo que ela falava demais e, para conseguir transmitir uma mensagem, dava muita volta, cansando e afastando as pessoas. Diante das críticas, a ministra da Palavra concordou, mas, por sua vez, pediu que se retirasse da coordenação a coordenadora da pastoral da acolhida. Dizia que ela era muito áspera no tratamento com os demais e não acolhia como deveria. Além disso, afirmou que ela não era nada simpática, mais afastava as pessoas que as acolhia. A coordenadora ficou sem reação e acatou os ataques sobre sua pessoa e seu trabalho, com a condição de que se retirasse da função a ministra extraordinária da Eucaristia, que sempre media os outros segundo sua medida, como se ela fosse a única perfeita. Disse também que tal ministra não era nada humilde e que precisava de conversão pessoal para poder ser ministra da comunhão eucarística.

O clima já estava bastante tenso quando chegou o pároco. Ele percebeu o clima, mas não perguntou nada sobre o que estava acontecendo. Todos se calaram diante dele, como se nada houvesse. Ele fez uma breve oração e iniciou a assembleia, apresentando o projeto paroquial de missão permanente na paróquia, pedido pela Conferência dos Bispos e pela diocese. Enfatizou que, para a realização desse projeto, iria necessitar do serviço prestado pela Pastoral da comunicação para divulgar o trabalho. Lembrou a importante atuação do coordenador, à frente dessa pastoral, e mostrou o quanto ela havia contribuído para os trabalhos de evangelização da paróquia. Depois, destacou a importância do acolhimento, colocando-o como fundamental para a realização do projeto missionário. Não deixou de lembrar e agradecer o belo trabalho que a coordenadora dessa pastoral vinha desenvolvendo e como ela levava jeito para esse trabalho. Todos foram unânimes em concordar com ele, até mesmo quem a havia criticado. Mostrou, em seguida, a importância dos ministros extraordinários da sagrada comunhão. Disse que eles são como que outros braços do padre, indo aonde o padre nem sempre tem condições de ir. Destacou a comunhão aos enfermos, a ajuda nas missas e outras atividades desenvolvidas por esse ministério que faz a Igreja ser mais participativa, dando vez e voz aos leigos em trabalhos que antes eram reservados somente ao sacerdote. Depois se dirigiu à coordenadora dos ministros extraordinários da comunhão, aquela que tinha sido duramente criticada, e destacou suas qualidades. Os olhos dela se marejaram, demonstrando estar profundamente comovida e fortalecida na missão, apesar das duras críticas. Em seguida, foi a vez de valorizar o ministério da Palavra, na pessoa de sua coordenadora. Evidenciou a importância dos círculos bíblicos, da formação bíblica, que acontecia toda semana na paróquia, e das celebrações da Palavra, que eram de suma importância, já que estava sendo formada na paróquia uma rede de comunidades e não era possível ter missas em todas elas, toda semana. Quem fazia esse trabalho eram os ministros da Palavra, sob a coordenação daquela que ali estava presente, representando esse ministério medular da paróquia. Ninguém até então tinha conseguido enxergar o quanto aquela mulher se esforçava para que esse ministério continuasse dando frutos. Além disso, ela vinha possibilitando que a Palavra de Deus, fonte de todo projeto missionário, chegasse aos afastados da comunidade, aos analfabetos, aos que não vinham à missa etc.

Finalmente, a tumultuada assembleia se converteu em uma reunião em que todos passaram a se respeitar, valorizar o trabalho e a opinião uns dos outros; aqueles que haviam ofendido outros, destacando apenas seus defeitos, pediram desculpas. Quando o padre saiu, a assembleia reativou a discussão, agora, porém, com um olhar voltado aos pontos positivos de cada um. Foi então que o coordenador do Conselho missionário tomou a palavra e disse:

– Irmãos, ficou demonstrado que temos defeitos, mas vimos que o padre administra a paróquia com nossas qualidades, com nossos pontos valiosos. Assim, não apontemos os pontos fracos, os defeitos e as falhas uns dos outros, mas concentremo-nos em nossos pontos fortes, naquilo que temos de bom e que pode ajudar a paróquia a ser melhor.

A partir de então, a assembleia entendeu que o coordenador da pastoral da comunicação era uma pessoa importante para a comunidade, que a coordenadora do ministério da Palavra tinha muito mais qualidade do que defeitos e que unia e dava força a todos; que a coordenadora da pastoral da acolhida era uma pessoa muito especial e que sabia de fato acolher, principalmente os que estavam afastados da comunidade; que a coordenadora do ministério extraordinário da comunhão era uma pessoa justa e precisa em suas ações e em seus procedimentos. Sentiram-se, assim, como uma equipe capaz de produzir um verdadeiro trabalho missionário e tiveram alegria pela oportunidade de trabalharem juntos em uma mesma comunidade. Viram que cada um, com sua diferença, fazia diferença na vida da paróquia.

Moral da história: ocorre o mesmo em muitas de nossas paróquias. Quando uma pessoa busca ver apenas os defeitos da outra, a situação torna-se tensa e negativa, e a paróquia não cumpre sua missão de evangelizar. Porém, quando se busca, com sinceridade, destacar os pontos fortes uns dos outros, as coisas boas começam a florescer e são obtidas melhores conquistas, tanto individuais quanto comunitárias. É fácil encontrar defeitos. Qualquer um pode fazê-lo. Mas encontrar qualidades e enxergar as coisas boas dos outros é atributo de um coração convertido, de pessoas sábias. Ao querer uma paróquia em estado permanente de missão e bem gerenciada, há que reconhecer primeiro as qualidades de cada agente de pastoral e não ficar enfatizando os defeitos e as fraquezas dos outros. Para isso é preciso abrir-se ao impulso do Espírito Santo e incentivar dentro de nós o processo de conversão pessoal e pastoral.

13
O segredo da leitura orante da Bíblia na gestão pastoral

Um dos grandes apelos da Conferência de Aparecida às paróquias é resgatar o método da *Lectio Divina*, ou leitura orante da Bíblia, nas comunidades. É uma forma eficaz de oração que nos coloca em sintonia com Deus por meio de sua Palavra. Porém, esse é um grande desafio, porque a Bíblia, embora seja o livro mais vendido do mundo, continua sendo para muitos um ilustre livro desconhecido. E são muitas as causas desse desconhecimento, como, por exemplo, falhas na evangelização, carência de pessoas preparadas para ajudar a refletir sobre a Palavra de Deus, falta de interesse, falta de fé, resultado de um mundo secularizado, que acredita mais na ciência do que em Deus e com isso considera a Bíblia como um livro ultrapassado, ou de mitos, que nada têm a ver com a realidade. Enfim, são muitas as causas de a Bíblia ainda ser um livro pouco lido e vivido. A *lectio divina* é um antigo método para ajudar as pessoas a adquirirem gosto pela oração, a partir de leituras bíblicas. Porém, apesar de antigo, ainda é pouco difundido. É um método que precisa de três coisas: interesse, perseverança e humildade. A humildade talvez seja, das três, a mais importante, porque só os humildes conseguem mergulhar no mistério de Deus. Tanto é que o próprio Jesus afirmou: "Eu te louvo, ó Pai, Senhor do céu e da terra, porque ocultastes estas coisas aos sábios e inteligentes e as revelastes aos pequeninos. Sim, ó Pai, porque assim foi de teu agrado". Pequeninos diante de Deus são todos os que, mesmo sendo cultos, sabem se curvar diante dos mistérios divinos. Foi pensando nisso que escolhi uma parábola que recebi de um amigo que elucida bem esta relação da Palavra de Deus com os verdadeiramente sábios. Assim é a parábola:

Um senhor de 70 anos viajava de trem, tendo ao seu lado um jovem universitário, que lia seu livro de ciências. O senhor, por sua vez, lia um livro de capa preta. Foi quando o jovem percebeu que se tratava da Bíblia, e estava aberta no Evangelho de Marcos. Sem muita cerimônia, o jovem interrompeu a leitura do velho e perguntou:

– O senhor ainda acredita nesse livro cheio de fábulas e crendices?

– Sim, mas não é um livro de crendices. É a Palavra de Deus. Estou errado?

– Mas é claro que está! Creio que o senhor deveria estudar a História Universal. Veria que a Revolução Francesa, ocorrida há mais de 100 anos, mostrou a miopia da religião. Somente pessoas sem cultura ainda creem que Deus tenha criado o mundo em seis dias. O senhor deveria conhecer um pouco mais sobre o que nossos cientistas pensam e dizem sobre tudo isso.

– É mesmo? E o que pensam e dizem nossos cientistas sobre a Bíblia?

– Bem, respondeu o universitário, como vou descer na próxima estação, falta-me tempo agora, mas deixe seu cartão que eu lhe enviarei o material pelo correio com a máxima urgência.

O velho então, cuidadosamente, abriu o bolso interno do paletó, pegou seu cartão e o entregou ao universitário. Quando o jovem leu o que estava escrito, saiu cabisbaixo sentindo-se pior que uma ameba.

No cartão estava escrito: "Professor Doutor Louis Pasteur, Diretor Geral do Instituto de Pesquisas Científicas da Universidade Nacional da França".

Moral da história: "Um pouco de ciência nos afasta de Deus. Muito, aproxima-nos". (Louis Pasteur).

14
Como fazer renúncias e colocar-se a serviço da missão paroquial

Era uma vez uma maravilhosa diocese, situada bem no centro de um rico Estado do país. O bispo costumava visitar as paróquias periodicamente, e, às vezes, de surpresa. Em uma importante cidade dessa diocese, havia uma grandiosa paróquia, em um bairro de classe alta, que era para o bispo a mais organizada de todas as paróquias existentes na diocese. O pároco dessa paróquia era o responsável por tal organização, o que o tornava também muito visível entre o clero. Ele sabia que o bispo o queria muito bem e que ele era tido como pároco modelo.

Um dia o bispo o chamou à Cúria diocesana para uma conversa, juntamente com o Conselho diocesano de Pastoral. Obediente a seu pastor, o padre atendeu ao chamado do bispo. O bispo disse:

– Querido padre, preciso de você.

O padre estava feliz e parecia ter chegado a grande hora de sua vida: seu bispo precisava dele e ele iria servi-lo. Com voz grave, o bispo disse:

– Padre, só que preciso de seus serviços em uma missão longe daqui. No norte do país, há uma região que a diocese assumiu como missão. Lá falta tudo, inclusive padres para desenvolverem um trabalho de evangelização. Como você está muito bem e a paróquia também, resolvi convidá-lo para essa frente missionária. Para isso tenho que tirá-lo de sua paróquia

O padre respondeu:

– Tirar-me da paróquia, senhor bispo? Por favor, não faça isso! Deixe-me continuar cuidando desta paróquia e de seu rebanho com esmero, como sempre fiz. O senhor vê como todos admiram meu trabalho!

– Meu querido padre – a voz do bispo tornou-se ainda mais grave –, não importa que admirem ou não seu trabalho, se eu não transferi-lo daqui, não poderei desenvolver o projeto missionário da diocese com sua ajuda.

O padre disse:

– Dê-me um tempo para refletir.

Enquanto isso, a notícia se espalhou por toda a diocese. O vigário-geral ficou apreensivo. Como seria a reação daquele pároco, tão apegado às obras de sua paróquia e ao povo que ele cativou? E a comunidade, como iria reagir com a transferência do pároco?

Finalmente, depois de um tempo de reflexão, o importante padre se inclinou diante do bispo e sussurrou:

– Senhor bispo, se não pode contar com meu serviço, sem me tirar desta paróquia, então faça comigo o que o senhor quer.

E o bispo respondeu:

– Meu querido padre, agradeço sua disponibilidade, mas para isso tenho que lhe dizer que terá de deixar aqui algumas coisas.

E o bispo prosseguiu:

– Você terá de deixar também seu computador, porque para onde você vai não tem acesso à internet, e computador é algo sem utilidade naquela região de missão. Também terá de deixar seu carro, porque lá só se chega às comunidades de barco.

Nesse instante, os membros do Conselho, que estavam na sala com o bispo, entreolharam-se assustados. O padre, trêmulo, à meia voz disse:

– Senhor bispo, deixarei meu computador e meu carro.

Disse o bispo novamente:

– Ainda não basta, meu querido padre, deverá também encerrar sua conta bancária e transferir o dinheiro para a conta da Mitra. Se não lhe pedir isso, estaremos dando um falso testemunho de nossa opção preferencial pelos pobres, afinal, para onde você irá, as pessoas não têm nem o que comer.

– Por favor, senhor bispo, disse o padre, eu não poderei viver sem meu dinheiro. Como viverei sem meu cartão de crédito?

– Devo tirar de você também o cartão de crédito, senão, não poderei enviá-lo para a missão, respondeu o bispo. Lá você não precisará de cartão de crédito, porque não existe agência bancária.

Houve um profundo silêncio na sala. Alguns soluços abafados. Depois, o padre inclinou-se e disse:

– Senhor bispo! Eis me aqui! Pode tirar de mim o que quiser. Liberte-me de todas as minhas amarras e seguranças.

O bispo pediu que ele entregasse o cartão de crédito e a senha, o computador, a chave e o documento do carro e que distribuísse parte de suas roupas aos pobres. Depois o levou para o aeroporto, onde embarcariam para a região norte do país, até a capital. De lá iriam de ônibus até determinada cidade e depois de barco, viajando por três dias e três noites, até a região mais remota do Estado, onde vivia uma comunidade de ribeirinhos, que não tinham acesso aos bens mais elementares para a vida, mas tinham sede da Palavra de Deus. Lá o bispo apresentou-o à comunidade, que se alegrou por receber em seu meio, pela primeira vez, um padre que iria permanecer com eles. Foi preparada uma singela celebração, e o padre, durante a homilia, ao ver aquelas pessoas atentas a sua voz, fez a mais bela de todas as suas reflexões. A Palavra calava no coração daquelas pessoas como semente em terra fértil, e elas respondiam com fé e entusiasmo a cada expressão do padre. Daquele dia em diante, a Palavra de Deus ia se expandindo e formando comunidades, transformando a vida daquelas pessoas, que respondiam por meio dos diversos tipos de organizações. Os trabalhos que o padre desenvolveu, juntamente com a comunidade, foi, aos poucos, dando resultados e estes refletiam em toda aquela região, até então esquecida. Pessoas, antes carentes da Palavra de Deus, como campos ressequidos, agora se sentiam atendidas por Deus em suas preces, com a presença daquele padre missionário. Ali se formou uma rede de comunidades, que se reuniam semanalmente em torno da Palavra de Deus para celebrarem a vida. Vidas estas que se transformavam cada vez mais.

Passaram os dias, as semanas, os meses. A semente da Palavra não parou de germinar e dar frutos. Tudo ficou diferente com a presença do padre naquela longínqua região de missão da diocese. Veio o tempo da colheita dos frutos da missão. O importante padre da rica paróquia de outrora, em seu despojamento, aniquilamento e humildade, transformou-se em uma grande bênção para toda aquela região. Quando ele era respeitado por estar à frente de uma imponente paróquia, crescia somente para si e se alegrava com sua própria imponência e autoridade. Ao se despojar, ele se tornou canal do qual Deus se serviu para transformar aquela comunidade distante da Palavra em celeiro de outros missionários. Assim, muitos homens e mulheres encontraram vida e viveram desta Palavra, pregada por um padre que soube renunciar a tudo que tinha para poder servir livremente.

Moral da história: abrir-se para a missão dentro e fora da paróquia exige renúncias, e a renúncia é parte do processo de conversão pessoal e pastoral. Não podemos transformar nossas paróquias e nossos projetos missionários, se não nos convertemos pastoral e pessoalmente. Foi o que Jesus disse às multidões que o acompanhavam: se alguém vem a mim e não desapega de seus bens mais preciosos, não pode ser meu discípulo. Portanto, se não renunciarmos a tudo que temos, não poderemos ser seu discípulo (cf. Lc 14,26.33).

15
Descobrindo os campos de missão na comunidade[1]

Um monge foi visitado pelo anjo da morte; tinha chegado sua hora. Mas ele argumentou com o anjo:

- Tem que ser agora? Estou cuidando da horta da comunidade. Se eu for embora agora, o que os irmãos vão comer?

O anjo resolveu deixar a missão para outra hora.

Dias depois, voltou e o monge estava cuidando das crianças da comunidade.

---

[1] Parábola de autor desconhecido, cujo título é "*O monge e o anjo da morte*". In; PEREIRA, José Carlos. *Causos, Café & filosofia*, Ed. Navegar, 2005, p. 39-40. Essa parábola circula livremente em diversos meios de comunicação.

Novamente, houve uma negociação, e o anjo adiou a morte para outro momento.

Voltou uma terceira vez, um mês depois, e encontrou o monge tratando carinhosamente de um doente grave.

Dessa vez, nem se falaram. O monge só fez um gesto, mostrando a situação e o anjo foi embora.

Anos se passaram, o monge continuou seus trabalhos, foi ficando velho, fraco e desejou morrer.

Um dia o anjo apareceu e ele se alegrou. Disse:

– Que alívio! Pensei que estava zangado com meus pedidos de adiamento e não me levaria mais para a vida eterna junto de Deus.

O anjo sorriu e respondeu:

– Eu só vou completar o final do caminho. Você já estava entrando na vida eterna, quando servia seus irmãos.

Moral da história: a missão está presente nos pequenos gestos de solidariedade do dia a dia da comunidade. São eles que nos qualificam diante de Deus e abrem as portas do reino dos céus. São tantas as situações, a nossa volta, que precisam de nossa solidariedade, basta olharmos mais atentamente e vamos descobri-las bem perto de nós. Um exemplo é encontrado em uma outra parábola, agora bíblica, a do bom samaritano (Lc 10,30-35). Administrar vidas é o maior desafio de um gestor paroquial. Todas as outras coisas podem esperar, mas a vida não espera. O que não fazemos hoje, amanhã pode ser tarde demais.

16
Aprendendo a fazer discernimentos na pastoral

Um jovem, de família pobre, ao entrar para o seminário, levou consigo uma pequena bagagem. Era uma mala pequenina, com o essencial para viver.

À medida que os anos foram passando, o jovem foi ajuntando coisas, e a bagagem foi aumentando. Havia muitas coisas que antes ele desconhecia e agora, no seminário, a vida lhe mostrou. A tecnologia, por exemplo, fascinou o jovem. Por meio dela, tudo se tornou tão fácil e acessível. Aquele que antes, na escola rural do interior, tinha apenas um caderno e alguns lápis, agora usava notebook na sala de aula, tão leve e eficaz e substituía todo o material escolar. Quem antes levava meses para receber uma carta, agora usava celular e se comunicava instantaneamente, a qualquer momento. O aparelho tinha tantos recursos que sair sem ele era como se estivesse nu. Isso sem falar na internet e suas infinitas possibilidades, redes de comunidades e tantos outros meios de comunicação, diversão e pesquisas, que ficar um dia sem ela era motivo de desespero. Ele se adaptou muito rápido a tudo isso e achava algo extremamente necessário para a vida. E ele se perguntava constantemente:

– Como pude viver sem isso até agora?

Era como se estivesse começando a enxergar o mundo, como Adão e Eva no paraíso, depois de comer o fruto proibido (Gn 3,6-7). E, assim, ele seguiu reunindo coisas e mais coisas, colocando-as em suas bagagens. Além das coisas materiais, dos aparelhos tecnológicos de apelo comercial, outras coisas foram sendo colocadas na bagagem: amor e ódio, alegrias e tristezas, esperanças e desesperos, agito e serenidade, mágoas e perdão, lembranças e esquecimentos, conhecimentos etc.

Todas aquelas coisas iam lhe transformando e o distanciando cada vez mais da realidade desprovida de bens de onde viera. Começou a sentir vergonha de dizer onde nascera e quem eram seus pais. As visitas à família iam se tornando cada vez mais escassas e ele nem sentia falta dela. Quando ia visitar os pais, permanecia poucas horas com eles. Sentia falta das coisas deixadas no seminário e não via a hora de retornar. Algumas vezes, chegou mesmo a desdenhar da maneira de seus pais falarem e de se vestirem.

Porém, em um determinado ponto de sua caminhada vocacional, já prestes a receber o sacramento da Ordem, sentiu que começou a ficar insuportável carregar tantas coisas. Estava pesando demais! Ele agora dependia muito dos outros. Precisava constantemente dos serviços de profissionais para manter sua tecnologia funcionando. Sua maneira de vestir também mudou. Agora usava camisas clericais e calças sociais. Sonhava com uma paróquia bem situada para administrar, depois de ordenado. Sem contar que lhe apavorava a ideia de viver em um lugar onde não fosse possível acessar aqueles acessórios todos que ele carregava consigo. Às vésperas da ordenação, já fazia planos sobre o tipo de carro que queria ter na paróquia e como seria a casa paroquial. Porém, mesmo com todos esses "sonhos" e essas "perspectivas", sentia-se em seu íntimo angustiado. Tinha tantas coisas, mas sentia-se vazio e incompleto. E, como se não bastasse, estava cansado por ter de manter todas as coisas adquiridas. Elas exigiam dele uma atenção e um cuidado constantes.

O momento da ordenação se aproximava. Ele tinha de fazer uma escolha: continuar ajuntando coisas e ficar totalmente dependente dos outros, ou se desvencilhar das coisas e seguir livremente seu caminho. A essa altura, esperar que alguém o ajudasse era muito difícil, pois todos já tinham suas preocupações e suas próprias coisas, suas bagagens para serem carregadas e seus problemas para serem resolvidos. Se ele continuasse a ajuntar coisas materiais, corria o risco de ficar a vida toda dependente, preso a suas bagagens, porque elas se tornaram muito pesadas. Ele percebeu que estava ficando insuportável carregar aquele fardo. Se ele quisesse continuar a caminhada, teria de aliviar esse peso, esvaziando um pouco sua bagagem.

Mas, o que tirar?

Diante desse questionamento, o jovem entrou em crise vocacional. Como libertar-se de coisas que até então eram para ele imprescindíveis?

Era seu momento de revisar a vida. Fazer um balanço. Traçar novas metas. E, para isso, nada melhor do que um retiro espiritual.

Durante o retiro, ele teve oportunidade de abrir sua bagagem. Começou a retirar dela tudo o que tinha colocado nesses anos de seminário. À medida que foi tirando as coisas, ele se deu conta da quantidade de coisas, às vezes escondidas, bem no fundo da mala. Muitas delas há muito tempo não usava. Outras estavam sendo usadas em demasia, porém não eram tão necessárias. Outras, ainda, não tinham nenhuma razão de estarem ali, ocupando espaço. Pouco a pouco ele foi vendo tudo o que tinha dentro:

– Amizade, amor, amizade... Nossa! Tem bastante e não pesa nada!, pensou ele.

– Mas tem algo pesado aqui!, disse consigo mesmo.

Ele fazia força para tirar. Estava muito difícil.

Era a raiva – como ela pesava! Aí ele começou a tirar, tirar e apareceram também a incompreensão, o medo, o pessimismo, a acomodação...

Nesse momento, o desânimo quase o puxou para dentro da mala.

Mas ele o puxou para fora com toda a força, e apareceu um sorriso que estava sufocado no fundo de sua bagagem. Pulou para fora outro sorriso e mais outro, e aí saiu a felicidade. Deixou-a de lado por um momento, para, depois, recolocá-la dentro da mala.

Ele colocou as mãos dentro da mala de novo e tirou a tristeza. Agora, ele teria de procurar a paciência dentro da mala, pois iria precisar bastante dela. Procurou então o restante: entusiasmo, esperança, coragem, força, equilíbrio, tolerância, responsabilidade, fé, bom humor. Tirou a preocupação, também, e a deixou de lado. Depois ele pensaria o que fazer com ela.

Então sua bagagem estava pronta para ser arrumada de novo!

Ele começou a pensar bem no que iria colocar lá dentro!

Porém, agora era com ele.

O retiro lhe ensinou que ele devia sempre refazer as bagagens, porque a caminhada era longa, muito longa e com muitos desafios, muitas portas estreitas. Com muitas bagagens não seria possível entrar por elas. Era preciso ir se libertando de muitas coisas que pareciam necessárias, mas que no fundo só eram um peso a mais na bagagem.

O jovem voltou do retiro aliviado e em paz. Sua bagagem estava bem mais leve e ele poderia continuar seu caminho mais livre. Aprendeu que para a vida ser mais agradável é só escolher o que levar na bagagem.

Moral da história: se queremos servir a Deus, verdadeiramente, devemos libertar-nos de todas as amarras, de tudo aquilo que possa impedir nossa passagem pela porta estreita. Não podemos servir a dois senhores, porque, ou odiaremos um e amaremos o outro, ou nos apegaremos a um e desprezaremos o outro. Nós não podemos servir a Deus e ao dinheiro (cf. Lc 16,13).

17
Descobrir os verdadeiros tesouros da boa administração paroquial[2]

Havia um mosteiro que estava situado no alto da montanha. Seus monges eram pobres, piedosos e conservavam, em uma estante, três manuscritos antigos muito valiosos. Eles viviam do esforço do trabalho rural e, fundamentalmente, das ofertas que os fiéis, curiosos de conhecer os três rolos, únicos no mundo, deixavam. Eram velhos papiros, com fama universal de importantes e de conterem pensamentos profundos.

Um dia, um ladrão roubou dois dos rolos e fugiu, ladeira abaixo.

Os monges avisaram rapidamente o abade e este, como um raio, pegou o terceiro rolo que havia restado e correu atrás do agressor e o alcançou:

– O que fizeste? Deixaste-me com um só rolo! De nada me servirá. Ninguém virá aqui para ler uma mensagem incompleta. Tampouco têm valor os que me roubaste. Ou me devolves os dois ou levas também este. Assim, terás a obra completa.

---

[2] Parábola de autor desconhecido. Ela é encontrada com diversos títulos, entre eles, "A outra face".

– Padre, eu estou desesperado! Necessito, urgentemente, fazer dinheiro com estes escritos santos.

O abade disse:

– Bom, toma o terceiro rolo. Se não, o mundo vai perder algo maravilhoso. Vende-o bem. Estamos em paz.

E o deixou ir embora com o tesouro.

Os monges não compreenderam a atitude do abade. Acharam que ele havia sido mole com o rapaz e, com isso, o mosteiro fora o perdedor. Mas guardaram silêncio e deram por encerrado o caso.

Durante a semana o ladrão voltou. Pediu para falar com o padre superior:

– Aqui estão os três rolos, não são meus. Devolvo-os e te peço, em troca, que me permitas ingressar como monge. Quando me alcançaste, esperava tudo, menos que tivesses a generosidade de me dares o terceiro rolo, a confiança em acreditar na minha necessidade e ainda que me dirias que estávamos em paz, perdoando-me com muita sinceridade. Isso me fez mudar. Minha vida se transformou.

Nunca esse homem havia sentido a grandeza do perdão, a presença da generosidade magnânima. O abade recuperou os três manuscritos para benefício do mosteiro, agora muito mais visitados, por causa do episódio do roubo e do ressarcimento. E, além disso, converteu para a comunidade um monge trabalhador e de uma honestidade a toda a prova.

Moral da história: o agressor espera agressão, não uma resposta criativa, inesperada ou insólita. Não suspeita, na emoção, do poder incalculável de dar a outra face. Essa parábola lembra o ensinamento de Jesus: "Se alguém faz um processo para tomar de você a túnica, deixe também o manto!" (Mt 5,40). O perdão do abade foi maior que o medo de causar dano ao patrimônio do convento. Foi esse mesmo perdão e essa generosidade que o fizeram recuperar valores incalculáveis que estavam praticamente perdidos. Às vezes, no afã de seguir as normas da administração e conservar os bens patrimoniais que consideramos valiosos, perdemos os verdadeiros tesouros, aqueles que nenhum ladrão pode roubar nem o tempo e a traça podem corroer (Lc 12,33). São nesses valores que deve estar o coração de um bom gestor paroquial. O verdadeiro tesouro da boa administração consiste em saber discernir entre um bem efêmero e um bem eterno; e, se tiver que fazer uma opção, que seja escolhido o bem eterno. Os demais são passíveis de recuperação, por mais preciosos que sejam.

18
Como administrar bem os bens simbólicos da comunidade

Em uma paróquia havia duas grandes lideranças pastorais, mulheres de fibra, mas que viviam em pé de guerra. Não podiam se encontrar que era briga na certa.

Depois de um retiro, uma delas descobriu o verdadeiro valor do perdão e da amizade e resolveu que iria fazer as pazes com a outra. Ao se encontrarem em uma festa da comunidade, muito humildemente, uma delas disse:

– Minha irmã, já estamos nessa desavença há tantos anos e sem nenhum motivo aparente. Somos cristãs, coordenadoras de pastoral, não podemos continuar assim. Estou propondo para você que façamos as pazes e vivamos como duas verdadeiras irmãs em Cristo.

A outra, na hora, estranhou a atitude da antiga rival e disse que iria pensar no caso. Pelo caminho foi imaginando:

– Essa fulana não me engana. Ela está querendo me aprontar alguma coisa, e eu não vou deixar isso barato. Vou mandar-lhe um presentinho para ver sua reação.

Chegando a casa, preparou uma bela cesta de presentes, cobrindo-a com um lindo papel, mas encheu-a de esterco de gado.

– Eu adoraria ver a cara dela, ao receber esse "maravilhoso" presente. Vamos ver se ela vai gostar dessa, pensou ela.

Mandou a empregada levar o presente à casa da rival, com um bilhete:

– Aceito sua proposta de paz e, para selarmos nosso compromisso, envio-lhe este lindo presente.

A outra estranhou o presente, mas não se exaltou.

– O que ela está propondo com isso? Não estamos fazendo as pazes? Bom, deixa isso para lá.

Alguns meses depois, a que havia enviado o "presente" atendeu a porta e recebeu uma linda cesta de presentes coberta com um belo papel.

– É a vingança daquela bruxa, disse ela. O que será que ela me aprontou?

Qual não foi sua surpresa ao abrir a cesta e ver um lindo arranjo das mais belas rosas que podiam existir em um jardim e um cartão com a seguinte mensagem:

– Ofereço-lhe estas flores em prova da minha amizade. Foram cultivadas com o esterco que você me enviou e que proporcionou excelente adubo para meu jardim.

Moral da história: cada um age com aquilo que tem dentro de si. Na comunidade, o perdão é um dos bens mais preciosos. Sem ele, não é possível construir nada de bom. De nada adiantam os grandes projetos de jardins se eles não forem cultivados com o adubo da fé, da perseverança e do perdão. Nossa paróquia só será verdadeiramente missionária quando os seus membros aprenderem o que significa "quero misericórdia e não sacrifício" (Mt 9,13; Os 6,6). Essa parábola nos remete à passagem bíblica em que Jesus diz: "Amai os vossos inimigos; fazei o bem aos que vos odeiam e orai pelos que vos perseguem e caluniam, a fim de serdes filhos do vosso Pai, que está nos céus, e que faz se levantar o Sol para os bons e para os maus e chover sobre os justos e os injustos. Porque, se só amardes os que vos amam, qual será a vossa recompensa? Não procedem assim também os publicanos? Se apenas os vossos irmãos saudardes, que fazeis mais do que os outros? Não fazem isso os pagãos?" (Mt 5,43-47).

19
A arte de administrar os próprios valores

Um jovem padre administrava sua paróquia com muito entusiasmo, porém, em dado momento, percebeu que estava recebendo muitas críticas pela maneira de conduzir as coisas. As pessoas começaram a apontar falhas e fraquezas em sua administração e em sua vida pessoal. Deprimido, ele foi procurar o bispo:

– Sr. Bispo, venho até aqui, porque me sinto um nada em minha paróquia, sem força para agir diante de tantas críticas e incompreensões. Dizem que não sirvo para nada, que faço tudo errado, que sou incapaz, tolo e inexperiente. Como posso melhorar? O que posso fazer para que me valorizem mais?

O bispo, olhando-o ternamente, disse-lhe:

– Sinto muito, padre, não posso agora ajudá-lo, tenho um sério problema na diocese para resolver. Quem sabe, depois...

E, fazendo uma pausa, acrescentou:

– Se você quiser me ajudar, eu poderia resolver esse problema mais rapidamente e depois, talvez, pudesse ajudá-lo.

– Com muito prazer, respondeu o padre, ainda meio aborrecido por não ter tido a atenção que esperava do bispo. Sentiu, outra vez, que estava sendo desvalorizado e suas necessidades postergadas.

– Bem, assentiu o bispo. E, tirando o anel que usava, deu-o ao padre e acrescentou:

– Pegue o carro e vá até o mercado. Será preciso vender este anel para pagar uma dívida da Mitra. É necessário que você obtenha a maior soma possível, mas não aceite menos que uma moeda de ouro. Vá e volte o mais rápido que puder.

O padre pegou o carro e partiu. Ofereceu o anel aos mercadores, que o olhavam com interesse, até que ele dissesse o quanto pretendia pelo anel. Quando mencionava a moeda de ouro, alguns riam, outros davam as costas e somente um velhinho foi gentil de explicar-lhe que uma moeda de outro era muito valiosa para ser trocada por um anel.

Com o desejo de ajudá-lo, alguém lhe ofereceu uma moeda de prata e uma vasilha de cobre, mas o padre, que tinha instruções para não aceitar menos que uma moeda de ouro, recusou a oferta.

Depois de oferecer sua joia no mercado a mais de cem pessoas, abatido por seu fracasso, entrou no carro e voltou. Quanto o padre tinha desejado ter ele mesmo essa moeda de ouro! Poderia, então, ele mesmo dá-la ao bispo, livrá-lo da preocupação e poder receber sua ajuda. Entrou na casa.

– Sr. Bispo, sinto muito, não consegui fazer o que o senhor me pediu. Talvez conseguisse duas ou três moedas de prata, mas não creio que pudesse enganar ninguém a respeito do valor do anel.

– Que coisa importante você disse, meu querido padre, respondeu sorridente o bispo.

– Devemos primeiro saber o verdadeiro valor do anel. Pegue novamente o carro e vá ao joalheiro. Ninguém melhor que ele para saber isso. Diga-lhe que quer vender o anel e pergunte-lhe quanto daria por ele. Mas não importa o que ele ofereça, não o venda. Volte com meu anel!

O padre foi. O joalheiro examinou o anel sob a luz, com sua lupa, pesou-o e disse:

– Padre, diga ao bispo que, se quiser vendê-lo já, não posso lhe dar mais do que sessenta moedas de ouro por seu anel.

– Sessenta moedas!, exclamou o padre.

– Sim – replicou o joalheiro. Com mais tempo, poderíamos obter mais ou menos oitenta, mas não sei... se a venda é urgente...

Emocionado, o padre correu para a casa do bispo para lhe contar o sucedido.

– Sente-se, disse o bispo, depois de ouvi-lo.

– Você é como este anel: uma joia valiosa e única. E como tal, somente um perito pode avaliá-lo verdadeiramente. O que você faz na vida, pretendendo que qualquer um descubra seu verdadeiro valor?

E, dizendo isso, colocou novamente o anel no dedo.

Moral da história: alguns deixam, às vezes, influenciar-se pelas opiniões de pessoas que não conhecem verdadeiramente o trabalho que está sendo feito e, assim, permitem que tais avaliações ou opiniões prejudiquem o trabalho e o ardor missionário do padre. É preciso acreditar no potencial que se tem e levar adiante os empreendimentos que se pretendem desenvolver. Somente assim será possível fazer um bom trabalho na paróquia. Sempre haverá os que irão criticar, porém há tantos outros que reconhecerão o verdadeiro valor dos trabalhos desenvolvidos! Vale lembrar aquela observação de Jesus: "São como crianças que se sentam nas praças e se dirigem aos colegas, dizendo: 'Tocamos flauta, e vocês não dançaram, cantamos música triste, e vocês não choraram'. Pois veio João Batista, que não comia nem bebia, e vocês disseram: 'Ele tem um demônio!' Veio o Filho do Homem, que come e bebe, e vocês dizem: 'Ele é um comilão e beberrão, amigo dos cobradores de impostos e dos pecadores!'" (Lc 7,32-34). Ou seja, é praticamente impossível agradar a todos. Se o padre, em sua gestão paroquial, der ouvido a tudo o que as pessoas quiserem que ele faça, ele não vai conseguir governar nem a si próprio e sofrerá as consequências dessa atitude.

20
Ensinamentos para manter vivo o ardor missionário

Conta-se que padre Modesto, homem sábio, muito requisitado em cursos e palestras, devido à organização pastoral e administrativa que implantou em sua paróquia, tinha fama de ser indiferente às riquezas materiais. Nunca falava de dinheiro aos seus paroquianos. Não costumava frequentar a casa dos ricos nem compactuava com políticos por interesse. Até mesmo sobre a Pastoral do dízimo, que funcionava muito bem, nunca precisou que padre Modesto falasse durante a missa ou sobre qualquer outro tipo de contribuição financeira que desse a impressão de que ele tinha alguma preocupação material. Nem por isso sua paróquia deixava de arrecadar o necessário para sua subsistência e para a manutenção dos inúmeros projetos pastorais e sociais desenvolvidos pelo padre. Ele levava uma vida de simplicidade e com muita humildade, porém sua paróquia era exemplar. Tudo muito bem cuidado, manutenção em dia, funcionários bem pagos e uma liturgia impecável. Os trabalhos missionários funcionavam permanentemente e as pastorais também.

Tudo isso intrigava os demais padres da diocese, que se desdobravam em campanhas, quermesses e demais eventos, a fim de arrecadar fundos para a paróquia, e continuavam em dificuldades financeiras para levar adiante os projetos paroquiais e quitar as contas de água, luz, telefone, folha de pagamento etc.

Padre Gastão, da paróquia vizinha, quis averiguar seu segredo.

O padre Modesto, em tom de brincadeira, disse-lhe:

– Eu revelarei, se você percorrer o território da minha paróquia para conhecer sua extensão. Mas terá de levar uma vela acesa. Se ela se apagar, além de eu não lhe revelar o segredo, rogo-lhe uma maldição para você deixar de ser invejoso.

Movido pela curiosidade de ser o primeiro a descobrir o segredo, aceitou o desafio.

Ao final do passeio pela área da paróquia, padre Modesto lhe perguntou:

– O que você achou da minha paróquia?

Padre Gastão respondeu:

– Não vi nada. Só tive a preocupação de não deixar que a chama da vela se apagasse.

Padre Modesto lhe disse:

– Pois esse é o meu segredo. Estou tão preocupado tratando de reavivar minha chama interior, de manter vivo meu ardor missionário, que não me interesso pelas riquezas de fora.

Moral da história: para uma paróquia ser modelo pastoral, em estado permanente de missão, é preciso manter acesa a chama interior da fé, do ardor missionário, porque é esta chama que ilumina e indica o caminho das coisas que são realmente essenciais. Muitos gastam seu tempo com coisas secundárias, ou com a vida alheia, e negligenciam as prioridades. É preciso avivar a chama espiritual. Se assim fizermos, não só teremos uma paróquia bem administrada como também teremos melhores relações interpessoais e seremos mais felizes.

21

Como ser um gestor atento e prudente

O pároco andava sempre muito atarefado com seus trabalhos paroquiais, correndo de um lado para outro, e não tinha muito tempo para saber como funcionavam as inúmeras ferramentas de trabalho que existiam na secretaria paroquial. Ele havia investido em máquinas modernas para os trabalhos da secretária: copiadora de última geração, fragmentadora de papéis, computadores modernos etc.

Certo dia, no final do expediente, a secretária já estava saindo quando avistou o pároco que vinha apressado, com um documento na mão, e parou diante da máquina de picotar papéis.

- O senhor deseja alguma coisa?, perguntou ela.

- Por favor, disse o pároco, isto é muito importante para mim. Você sabe como funciona esta máquina?

- Lógico, respondeu a secretária. Eu a uso todos os dias. Deixe que eu faço isso, não me custa nada.

Ela pegou o papel das mãos do pároco, ligou a máquina, enfiou o documento e apertou o botão.

- Excelente!, respondeu o pároco. Você é uma secretária muito eficiente. Que seria de mim sem você. Muito obrigado... Eu preciso de uma cópia. Onde sai?

Moral da história: investir não é tudo. É preciso saber como funcionam as coisas e estar atento a tudo. Às vezes, a falta de atenção nas pequenas ações pode trazer grandes prejuízos. Portanto, pense, pergunte, analise.

22
Como gerenciar situações pessoais e aconselhar adequadamente

Um homem procurou um padre, famoso por seus conselhos espirituais, porque queria saber como se livrar de suas superstições e seus preconceitos. Ele se dizia muito atormentado por diversos males espirituais e tinha de fazer diversos rituais para se sentir livre deles. Era algo que já estava o incomodando profundamente porque, a cada dia, sentia que tinha de aumentar a rigidez dos rituais para se sentir livre. Já havia procurado diversos lugares que prometeram solucionar seu problema, mas, em vez de se livrar deles, piorou cada vez mais.

O padre o acolheu e ouviu suas queixas, atentamente, por um longo tempo. Deixou que ele relatasse todos os seus sentimentos e todas as suas ações, sem interferir em seus relatos.

Depois, quando ele não tinha mais nada para dizer, em vez de responder, o padre andou em direção à pilastra da igreja e a abraçou, enquanto gritava:

– Socorro, salve-me desta pilastra! Ela está me prendendo! Salve-me desta pilastra!

O homem que fizera a pergunta se assustou e pensou que o padre era maluco. A gritaria atraiu um monte de gente. Sem conseguir acreditar no que via, o homem perguntou:

– Por que está fazendo isso? Eu vim para lhe fazer uma pergunta importante, pedir-lhe um conselho para meus problemas. Pensei que fosse sábio, mas acho que é louco. O senhor está segurando a pilastra e pode soltá-la na hora que quiser. Ela não o está prendendo.

O padre largou a pilastra e disse:

– Então, já tem a resposta a sua pergunta. Não são suas superstições e seus preconceitos que o seguram. Você os agarra firmemente e não os solta. Para se livrar deles, basta largá-los na hora que quiser.

Moral da história: muitos dos problemas ouvidos nos atendimentos paroquiais são mais psicológicos do que espirituais, porém boa parte das pessoas acredita que sejam problemas espirituais e atribuem ao demônio seus distúrbios mentais. Saber como aconselhar esses casos e dar os devidos encaminhamentos é parte da missão de quem gerencia o sagrado.

23
Como ouvir, observar e proceder corretamente

Certa vez, o reitor de um seminário enviou um de seus seminaristas para desenvolver um trabalho pastoral na paróquia de um excelente pároco, com o objetivo de prepará-lo para ser um dia um pároco eficiente.

Quando o seminarista chegou à paróquia, o pároco o mandou sozinho para uma comunidade da periferia. Ele deveria acompanhar aquela comunidade durante um ano, descrevendo todas as suas atividades e ouvindo as necessidades daquelas pessoas.

Retornando ao seminário, após um ano, o reitor lhe pediu para descrever tudo o que tinha visto e ouvido. Então disse o seminarista:

– Senhor Reitor, pude ver que aquela comunidade precisa aprender muito sobre liturgia e Bíblia. Eles também desconhecem noções básicas de teologia. Nunca ouviram falar de eclesiologia, Direito Canônico, homilética, patrística, dogmática... Eles não sabem o que é kerigma, kénosis, didaqué, koinonia, epifania, escatologia...

E, ao terminar seu relato, o reitor pediu que o seminarista retornasse à comunidade daquela paróquia, para observar tudo o mais que fosse possível.

Apesar de intrigado, o seminarista obedeceu à ordem do reitor, pensando: “Não entendo, eu já relatei tudo o que poderia ser relatado”.

Voltou à comunidade e, por semanas e semanas, ficou observando e ouvindo as pessoas, mas não conseguiu ouvir e ver nada de novo, além daquilo que havia dito ao reitor. Porém, certo dia, ao conversar com algumas pessoas, começou a perceber coisas vagas, diferentes de tudo o que ouvira antes. E quanto mais prestava a atenção no que elas diziam mais ele as entendia. Uma sensação de encantamento tomou conta do rapaz. Pensou: "Essas devem ser as coisas que o reitor queria que eu ouvisse".

E, sem pressa, ficou ali ouvindo e ouvindo, pacientemente. Queria ter certeza de que estava no caminho certo.

Quando retornou ao seminário, o reitor lhe perguntou o que mais tinha conseguido perceber naquela comunidade.

Paciente e respeitosamente o seminarista disse:

– Senhor Reitor, quando prestei atenção nas pessoas, pude ouvir o inaudível. Ouvi o que elas de fato queriam dizer, mas não diziam. Aquilo que estava em suas entranhas. Pude perceber, nas entrelinhas de suas palavras, o quanto elas estavam necessitadas de atenção, de carinho, de alguém que as ouvisse, que as valorizasse, que confiasse em seus trabalhos e que lhes oferecesse oportunidades. Descobri quantos dons e talentos estavam ocultos na vida e na alma daquelas pessoas e que não eram colocados em comum por falta de oportunidades. Há uma riqueza enorme naquela comunidade!

O reitor, sorrindo, acenou com a cabeça, em sinal de aprovação, e disse:

– Ouvir o inaudível é ter a calma necessária para se tornar um bom padre. Apenas quando se aprende a ouvir o coração das pessoas, seus sentimentos mudos, seus medos não confessados e suas queixas silenciosas, uma pessoa pode inspirar confiança ao seu redor, entender o que está errado e atender as reais necessidades de cada um. O fracasso de um trabalho pastoral em uma paróquia começa quando o padre ouve apenas as palavras pronunciadas pela boca, sem atentar ao que vai dentro do interior de cada um, sem ouvir seus sentimentos, desejos e suas opiniões reais. É preciso, portanto, ouvir o lado inaudível das pessoas e da realidade que as cerca, o lado não mensurado pelos conceitos e preconceitos, para assim poder enxergar suas reais necessidades. Sem ouvir as reais necessidades das pessoas, nenhuma atividade será, de fato, pastoral, porque pastoral significa a ação do pastor e só é verdadeiramente pastor aquele que conhece suas ovelhas. E só é possível conhecê-las ouvindo seu silêncio.

E concluiu:

– A paróquia à qual você foi enviado para desenvolver atividades pastorais é tida como exemplar porque nela se encontra um padre que dedica boa parte de seu tempo para ouvir as pessoas. Foi por essa razão que eu lhe enviei até lá. É preciso ter sempre a humildade de aprender com o outro, não importa quem o outro seja. Ele sempre terá algo a ensinar, basta saber ouvi-lo.

Moral da história: todo trabalho paroquial de pastoral exige que seja dedicado tempo para ouvir as pessoas, atendê-las em confissão, escutar suas necessidades, seus desabafos. Não se pode conhecer uma realidade, se não se conhecem as pessoas que dela fazem parte. E não se pode transformar uma realidade sem, antes, conhecê-la. Muitos padres cometem grandes erros administrativos e pastorais, em suas paróquias, porque querem mudar as coisas, sem antes conhecê-las.

24

Os grandes gestores se revelam na administração das pequenas coisas

Este episódio foi relatado por madre Teresa de Calcutá e tem percorrido o mundo, ajudando pessoas que se propõem a ajudar outras. Transcrevo aqui este texto porque acredito que ele pode ser útil aos gestores paroquiais que, constantemente, se deparam, em seu trabalho pastoral, com situações que carecem de uma atenção especial. Assim relatou madre Teresa:

Em uma reserva, entre os aborígenes da Austrália, havia um homem bastante velho. Posso assegurar-lhes que vocês nunca viram uma situação de pobreza tão alarmante como a desse pobre ancião. Todos o ignoravam. Seu lar era desarrumado e sujo.

– Por favor, disse-lhe eu certa vez, deixe-me limpar sua casa, lavar suas roupas e fazer sua cama.

– Estou bem assim, respondeu ele, não se preocupe.

– Pois ficará ainda melhor, insisti, se permitir que eu faça isso.

Ele concordou finalmente.

Pude, portanto, limpar sua casa e lavar suas roupas. Encontrei, no meio da bagunça, uma lamparina inteiramente coberta de poeira. Só Deus sabe o tempo transcorrido desde que o homem a acendera pela última vez.

– O senhor não acende sua lamparina?, perguntei-lhe. Não costuma usá-la?

– Não, respondeu ele, não recebo a visita de ninguém. Não preciso de luz. Para quem deveria acendê-la?

– O senhor acenderia todas as noites, se as irmãs passassem a visitá-lo?

– Naturalmente!, respondeu ele.

Desse dia em diante, as irmãs combinaram entre si de visitar o pobre ancião todas as noites. Limpamos a lamparina, que elas acendiam todas as noites.

Dois anos se passaram. Eu tinha esquecido completamente esse homem, quando ele enviou esta mensagem: "Contem a minha amiga que a luz que ela acendeu em minha vida continua brilhando".

E madre Teresa conclui:

– Achei que isso era uma verdadeira pequena coisa. Frequentemente, negligenciamos as pequenas coisas.

Moral da história: é nos pequenos gestos que se revela a grandiosidade das pessoas. É na administração das pequenas coisas do dia a dia, das atividades pastorais que vai se revelando a habilidade dos grandes administradores. Como diz aquela passagem bíblica:

"Quem é fiel nas pequenas coisas também é fiel nas grandes; e quem é injusto nas pequenas também é injusto nas grandes" (Lc 16,10). Quem, em suas atividades pastorais, negligencia as pequenas coisas também irá negligenciar as grandes. Porém os que cuidam das pequenas situações também cuidarão das grandes. O bom gestor é aquele que percebe quando uma de suas ovelhas se desgarra e vai atrás dela até encontrar. Cuida delas com muito carinho. Acende uma luz em sua vida. São muitas as ovelhas desgarradas de nossas paróquias. Estamos preocupados com elas? Estamos indo a sua procura? Como essa busca tem sido feita? Ao encontrá-las, qual o nosso procedimento? (Lc 15,3-7).

25

Como agir corretamente em todas as circunstâncias da comunidade[3]

Um sacerdote foi transferido para uma nova paróquia, em uma cidade desconhecida. Logo nos primeiros dias, tomou um ônibus para ir ao centro da cidade. Ao se sentar, descobriu que o motorista lhe havia dado uma moeda de 25 centavos a mais, no troco.

Enquanto resolvia o que fazer, pensou:

"Ah, esquece, são apenas 25 centavos. Quem vai se preocupar por tão pouco? Além do mais, a companhia de ônibus recebe muito das tarifas e não sentirá falta dessa moeda. Aceite-a como presente de Deus".

Mas, quando chegou ao seu ponto, deteve-se e, pensando de novo, decidiu dar a moeda ao condutor, dizendo-lhe:

– Tome, o senhor me deu 25 centavos a mais.

---

[3] Essa parábola foi extraída do livro *Historinhas V. Sementes do Verbo*. Paróquia São Sebastião, Bauru/SP, 2004, p. 56. Aqui ela foi colocada com algumas pequenas adaptações.

O condutor, com um sorriso, respondeu-lhe:

– Sei que o senhor é o novo sacerdote da paróquia. Pensei em voltar à igreja e queria ver o que o senhor faria, se lhe desse troco a mais.

O sacerdote desceu, e muito emocionado, pensou: "Oh, Deus, por pouco não vendo teu Filho por 25 centavos".

Moral da história: quem não é honesto nas pequenas coisas, também não será nas grandes. Quem administra as coisas de Deus precisa ter o máximo de honestidade e transparência em seus atos, mesmo quando eles parecem irrelevantes ou imperceptíveis.

26
Como transformar pequenas paróquias em grandes centros de evangelização

Era uma vez um menino pobre, com poucos dotes intelectuais, que queria ser padre. No seminário foi tido como o mais fraco dos estudantes e, por esse motivo, era sempre deixado de lado pelos professores e colegas. As aulas, dadas em latim, eram-lhes quase um martírio, pois nada entendia dessa língua. Por essa razão, suas notas eram sempre baixas, o que o colocava em uma situação inferior aos demais e, consequentemente, à margem.

Com muito esforço e muita dedicação, conseguiu concluir as etapas dos estudos e, chegado o tempo de receber os graus do sacramento da Ordem, quase teve seu pedido negado, pois o bispo quase não acreditava em sua capacidade de gerir uma paróquia.

Depois de muita insistência, teve seu pedido aceito. Ao ser ordenado, precisou passar por algumas tramitações burocráticas da diocese e recebeu do bispo o pedido para continuar seus estudos, pois ainda demonstrava muitas limitações. Pouco tempo depois, o bispo o enviou para uma das paróquias mais "insignificantes" da diocese, uma aldeia de pouco mais de trezentos habitantes. Ali ele talvez não tivesse muita dificuldade, pensou o bispo, pois a capela era em um lugarejo, esquecido no mapa da diocese, composto de gente humilde, que não esperava muito do padre, nem grandes obras, nem boas homilias. Seria o lugar ideal para um padre com tantas limitações intelectuais.

Por ser uma paróquia pobre, sem recursos financeiros e poucas atividades pastorais, nenhum padre desejava ser pároco daquela paróquia. Quem para ali fosse designado estava fadado ao esquecimento.

O neo-sacerdote aceitou de bom grado a paróquia que lhe foi confiada e agradeceu a Deus e ao Bispo lhe conceder mais essa graça.

Ao chegar à paróquia, foi recebido com certa indiferença, pois sua fama de homem com poucos dotes intelectuais já havia chegado à região. Porém, com a humildade que lhe era peculiar, começou a fazer um trabalho que até então nenhum pároco tinha feito naquela paróquia: começou a visitar as pessoas, a ouvi-las em confissão e a dar conselhos. Passava horas e horas no confessionário escutando aquela gente simples que nunca tinha sido ouvida em suas agruras.

Aconteceu que todos os que iam confessar ficavam maravilhados com as coisas que ouviam e podiam dizer ao padre. Sentiam-se acolhidos e amados, e os conselhos do padre transformavam suas vidas. A fama de bom confessor logo se espalhou pela região, e a paróquia começou a se transformar em um centro de peregrinação. Vinha gente de toda parte para confessar com aquele padre humilde, que a escutava com ouvido de discípulo missionário, cujas palavras penetravam no coração e na vida de cada um.

Em pouco tempo, o padre deixou de ser anônimo, e a pacata paróquia tornou-se a mais frequentada da diocese e região. O padre, apesar da popularidade adquirida, continuou sendo humilde e com sua humildade fez grandes transformações na paróquia e na Igreja, tornando-se modelo para todos os párocos.

Sua paróquia: Arns, na França. Seu nome: João Maria Batista Vianney, mais conhecido como o "Cura d'Arns".

Moral da história: "Sejas o que fores, mas seja isso profundamente", dizia Martin Luther King. Não é preciso muito para se fazer grandes obras na Igreja. Basta fé e humildade. De nada adiantam grandes reformas e construções na paróquia se o povo de Deus não for ouvido. Devemos aprender com são João Maria Vianney a fazer da confissão um sacramento de conversão.

27
O segredo para uma boa gestão da comunidade

Certa vez, em uma comunidade humilde da paróquia, chegou um andarilho e pediu um lugar para passar a noite. O coordenador da comunidade, depois de consultar o pároco, cedeu-lhe um lugar, mas as lideranças da comunidade, que estavam em uma reunião, evitavam o contato com ele, dizendo que não tinham comida suficiente nem para eles naquela noite, assim não teriam o que dar de comer ao andarilho. O andarilho disse então que não estava pedindo comida, só queria um lugar para dormir e um espaço para fazer uma deliciosa sopa de pedras.

Os membros da comunidade que estavam por ali observavam o andarilho tirar algumas pedras de um embrulho e colocar em um caldeirão com água. Conforme preparava a sopa, o homem salivava e lambia os lábios, o que atiçava a curiosidade das pessoas. Um dos agentes de pastoral se aproximou, e o andarilho disse que, se tivesse uma cenoura, a sopa ficaria fantástica; o paroquiano levou e entregou a cenoura para o andarilho.

Outros membros da comunidade se aproximaram, e o homem disse que uma vez colocou um pedaço de carne salgada e a sopa ficara digna de reis; assim outro paroquiano trouxe a carne. O fato foi se repetindo com cebola, couve e outros ingredientes. Com a sopa pronta, o andarilho dividiu com todos que ali estavam o conteúdo do caldeirão e ainda sobrou para distribuir para as famílias carentes da comunidade. No dia seguinte, o andarilho se levantou e partiu, mas, antes de ir, procurou o coordenador da comunidade e lhe entregou o embrulho com as pedras mágicas, contando que o segredo da sopa de pedras era a colaboração de todos.

Assim é na vida da comunidade. Temos agentes de pastoral que, assim como o coordenador daquela comunidade, estimulam a prática do cada um por si, e o resultado acaba sendo uma comunidade pobre e carente de recursos básicos, às vezes, sendo apenas um espaço de celebração, sem vivência de comunidade. Em contrapartida, em algum momento surgem agentes que, como o andarilho, vêm para mudar a vida da comunidade, fazendo trabalho em conjunto, sendo solidários e comprometidos para que o resultado de suas ações pastorais não seja apenas para manter as estruturas da comunidade, mas para fazer com que todos consigam o objetivo principal: evangelizar com renovado ardor missionário, de modo que a comunidade tenha um crescimento espiritual e social que faça a diferença no bairro.

Moral da história: a colaboração, a solidariedade e o trabalho em equipe fazem com que a paróquia seja de fato uma comunidade de comunidades.

28

Posturas para obter a paz na paróquia

Era uma vez um bispo que ofereceu uma viagem à Terra Santa ao padre que fosse capaz de retratar em uma pintura a paz perfeita de sua paróquia.

Todos os padres da diocese assumiram a missão e reuniram os artistas de suas paróquias para essa empreitada. A regra era que cada pároco descrevesse para o pintor escolhido o que entendia por paróquia com perfeita paz, a fim de que o artista registrasse na tela seu conceito de paz perfeita. Passaram-se alguns meses entre a escolha do artista de cada paróquia e a pintura da tela, até que chegou o dia em que o bispo escolheria a pintura que mais representasse a paz perfeita de uma paróquia.

Na reunião do clero cada pároco levou sua pintura. O bispo observou e admirou com especial atenção todas. Era uma mais bela que a outra, e elas, indistintamente, revelavam os talentos que existiam nas paróquias e, consequentemente, na diocese. Nem o bispo imaginava que em sua diocese houvesse tantos talentos. Mas houve duas pinturas de que ele realmente ficou impressionado e decidiu que iria escolher entre ambas. A primeira era um lago muito tranquilo. Este lago era um espelho perfeito, no qual se refletiam umas plácidas montanhas que o rodeavam. Sobre elas encontrava-se um céu muito azul com tênues nuvens brancas. Quase todos os padres que olhavam para esta pintura pensavam: "Aqui está a paz perfeita".

A segunda pintura também tinha montanhas. Mas estas eram escabrosas e estavam despidas de vegetação. Sobre elas havia um céu tempestuoso, do qual se precipitava um forte aguaceiro com faíscas e trovões. Montanha abaixo parecia retumbar uma espumosa torrente de água. Tudo isso se revelava nada pacífico. A maioria dos padres logo viu ali o retrato de sua paróquia, com todos os problemas e todas as contendas que desgastam a vida do padre e dos demais agentes de pastoral, e pensou: "Essa pintura em vez de representar a paz perfeita, representa a mais perfeita confusão". O pintor parece que não tinha entendido a proposta e, em vez de registar a paz, registrou elementos que tiram a paz, ou seja, o contrário do que havia sido pedido. Os padres se entreolhavam e imaginavam que o padre que apresentou aquele quadro estava equivocado.

O bispo continuou observando essa segunda tela e percebeu que atrás da cascata havia um arbusto crescendo de uma fenda na rocha. Nesse arbusto, encontrava-se um ninho. Ali, no meio do ruído da violenta camada de água, estava um passarinho placidamente sentado em seu ninho. Paz perfeita! O bispo escolheu essa pintura e explicou: "Paz não significa estar em uma paróquia sem ruídos, sem problemas, sem trabalho árduo ou sem dor. Paz significa que, apesar de estarmos no meio de todos os problemas que existem em uma paróquia, permanecemos calmos, a fim de conseguir resolvê-los com equilíbrio. Este é o verdadeiro significado da paz".

Moral da história: não busque uma paróquia que não tenha problemas, seja equilibrado e calmo o suficiente para ajudar a resolver seus problemas, por piores que eles sejam. A paz verdadeira nasce de uma atitude serena, mesmo que se esteja no meio da tempestade.

29
Saiba silenciar-se em meio aos ruídos de sua comunidade

Certa vez, uma catequista de uma paróquia da zona rural, após fazer um encontro de catequese no celeiro da paróquia, perdeu ali seu único relógio. Ela precisava dele para saber a hora de começar e terminar a catequese e para ser pontual em outras de suas tantas atividades. Ao término da catequese, ela se deu conta de que estava sem o relógio. Preocupada, ela procurou por todo o feno do celeiro, mas não obteve sucesso. Insatisfeita com a perda, apelou ao grupo de crianças para que a ajudasse a procurar seu relógio. As crianças em alvoroço correram para dentro do celeiro e, em meio àquela algazarra, entraram no meio de toda a pilha de feno, mas não conseguiram encontrar o relógio. Cansadas, logo desistiram, dando-se por vencidas e convencidas, juntamente com a catequista, de que o relógio não estava lá.

Vendo o rosto triste da catequista, uma das crianças aproximou-se dela e pediu a chance de ficar sozinha no celeiro e em silêncio. A catequista logo pensou, por que não? Afinal seria uma nova tentativa. Depois de um tempo, após entrar sozinha no celeiro, a criança saiu com o relógio em suas mãos.

A catequista, feliz e surpresa ao mesmo tempo, perguntou como ela havia conseguido encontrar o relógio, já que todas as outras crianças não conseguiram. E a criança então respondeu:

– Apenas fiquei em silêncio para escutar o tique-taque do relógio e fui até ele.

Quando queremos achar respostas, soluções, caminhos para resolver as coisas, devemos silenciar, para acalmar nossa mente, tirando-a do alvoroço da procura, que acaba nos levando à ansiedade, que cada vez mais nos distancia das respostas e soluções certas. Uma mente em paz pode pensar melhor do que uma mente confusa. Dê alguns minutos de silêncio a sua mente, todos os dias, e veja o quanto isso lhe ajuda a definir sua vida, da maneira que você espera que ela seja! Sempre que possível, faça um retiro. Os retiros, quando propõem silenciar a mente, ajudam-nos a encontrar resposta para muitas situações, além de nos dar mais equilíbrio.

Moral da história: enquanto estivermos estressados, com nossa mente contaminada pela poluição sonora e por outros ruídos desnecessários, que muitas vezes tomam conta de nossas comunidades, não conseguiremos encontrar o que procuramos e não teremos posturas corretas para resolver os problemas.

30
Saiba fazer discernimentos pastorais

Durante uma assembleia paroquial, o padre pegou um grande pote de vidro e chamou os coordenadores de pastoral para que se aproximassem dele. Colocou algumas pedras muito grandes dentro do pote, até a boca, e perguntou-lhes:

– O pote está cheio?

E todos foram unânimes em dizer que sim. Contrariando-os, o padre disse que não, que o pote não estava cheio, e, para comprovar isso, pegou um saco cheio de pedrinhas miúdas, despejou-o dentro do pote e tornou a perguntar aos coordenadores:

– E agora, o pote está cheio?

E eles responderam:

– Agora sim o pote está totalmente cheio.

E mais uma vez o padre lhes disse:

– O pote ainda não está cheio. Querem ver?

Então ele pegou uma lata de areia e a derramou dentro do pote. A areia preencheu os espaços entre as pedras grandes e as pedrinhas pequenas. Em um impulso, um dos coordenadores disse:

– Pronto! Agora acabou, padre. Não é possível colocar mais nada dentro desse pote.

O padre respondeu-lhe com um sorriso e virou uma jarra d'água dentro do pote, que, encharcando a areia, desapareceu. Depois disso, o padre pegou outro pote de vidro e pediu que os coordenadores repetissem a experiência, mas na ordem inversa. E eles começaram colocando a água, a areia, as pedrinhas e a essa altura o pote já estava completo. No momento de colocar as pedras grandes, estas não couberam no pote, pois parte dele já havia sido preenchida por coisas menores. Diante disso, o padre concluiu, dizendo:

– O pote de vidro é a nossa vida como agente de pastoral na comunidade; a nossa disponibilidade de tempo é o que cabia no pote. As pedras grandes são as coisas realmente importantes da vida da comunidade, da pastoral ou do movimento que coordenamos, ou da nossa vida pessoal. Elas representam o desenvolvimento desses organismos eclesiais, ou nosso crescimento pessoal e espiritual, nosso relacionamento com a comunidade, com a família e os demais coordenadores. Se dermos prioridade a isso e nos mantivermos abertos à novidade do Reino de Deus, o restante se ajustará por si: nossos afazeres diários, nossas coisas pessoais, nossos bens materiais, nosso lazer e todas as restantes atividades menores que completam a vida. No entanto, se nós preenchermos nossa vida com coisas pequenas, as coisas realmente importantes nunca terão espaço suficiente. Talvez por isso nossos trabalhos pastorais não se desenvolvem como deveriam; por isso há pastorais e movimentos que fazem pouca diferença na paróquia; por isso há tantos desgastes e estresses dentro da comunidade.

E concluiu a dinâmica dizendo:

– Será que não estamos priorizando coisas pequenas e nos esquecendo das coisas grandes, daquilo que realmente importa?

Moral da história: saiba fazer discernimentos na vida pessoal e pastoral. Opte pelas coisas do alto, por aquilo que realmente importa. Você verá que seu crescimento pessoal, e comunitário, e a Igreja terão, de fato, um verdadeiro crescimento espiritual, e a comunidade se tornará um espaço ocupado pelas coisas de Deus e não por vaidades pessoais.

CONSIDERAÇÕES FINAIS

Nestas considerações finais, coloquei duas parábolas de Jesus sobre administração. Ambas, embora já citadas, mostram a arte de administrar bem, por isso merecem ser destacadas nestas considerações finais. São parábolas que se eternizaram devido sua eficácia.

Nada mais gratificante para quem administra, ou pretende administrar uma paróquia, do que encontrar nos ensinamentos de Jesus orientações tão preciosas como as contidas nestas duas parábolas. A primeira é a do administrador fiel e prudente (Lc 12,42-48) e a segunda é a dos talentos (Mt 25,14-30). Vou reproduzi-las aqui, na íntegra, para melhor compreendê-las, e, em seguida, tecerei breves comentários sobre ambas, elucidando a importância que Jesus dava à administração dos bens sagrados. Vejamos, então, a parábola do administrador fiel e prudente. Disse Jesus a Pedro:

> "Quem é o administrador fiel e prudente que o senhor vai colocar à frente do pessoal de sua casa para dar comida a todos na hora certa? Feliz o empregado que o patrão, ao chegar, encontrar agindo assim! Em verdade eu vos digo: o senhor lhe confiará a administração de todos os seus bens. Porém, se aquele empregado pensar: 'Meu patrão está demorando', e começar a espancar os criados e as criadas, e a comer, a beber e a embriagar-se, o senhor daquele empregado chegará em um dia inesperado e em uma hora imprevista, ele o partirá ao meio e o fará participar do destino dos infiéis. Aquele empregado que, conhecendo a vontade do senhor, nada preparou, nem agiu conforme sua vontade, será chicoteado muitas vezes. Porém, o empregado que não conhecia essa vontade e fez coisas que merecem castigo será chicoteado poucas vezes. A quem muito foi dado muito

será pedido; a quem muito foi confiado muito mais será exigido!" (Lc 12,42-48).

O primeiro elemento a ser destacado dessa parábola é seu destinatário: Pedro. Foi em resposta a um questionamento dele que Jesus contou essa parábola. Sabendo o que Pedro representa na estrutura eclesial, podemos entender melhor a força contida nessa parábola administrativa. Pedro foi escolhido para ser a pedra fundamental que iria alicerçar, isto é, administrar, a Igreja, para que ela não sucumbisse diante dos obstáculos (Mt 16,18). Podemos concluir que nessa parábola está contida a mensagem medular dada àquele que é considerado o primeiro administrador eclesial. Jesus confiou a Pedro a administração da Igreja, após ele ter respondido corretamente quem Ele era. Jesus sentiu firmeza na resposta de Pedro, por isso confiou-lhe a responsabilidade de administrar a Igreja com a firmeza de uma rocha e muita fidelidade a Deus. Ao ser interrogado sobre os destinatários da parábola da vigilância e da responsabilidade (Lc 12,35-42), contada anteriormente, Jesus responde com a parábola do administrador fiel e prudente. Somente aos vigilantes, aos que estão sempre atentos e aos que pensam as coisas de Deus pode ser confiada tamanha responsabilidade. Com a administração paroquial não é diferente. É preciso muita atenção e muito cuidado e, sobretudo, pensar as coisas de Deus, senão o administrador tornar-se-á pedra de tropeço (Mt 16,23). Sem responsabilidade e fé não se pode fazer uma boa administração. Os imprudentes, irresponsáveis ou com pensamentos tacanhos colocarão a perder os bens do Senhor, sejam eles bens materiais, simbólicos ou humanos. Os fiéis e prudentes farão uma boa administração e receberão a confiança da comunidade, do bispo e de Deus. Estar à frente do pessoal da casa do Senhor, para dar-lhe comida na hora certa, significa estar à frente da paróquia, alimentando a comunidade com a Palavra de Deus, respondendo aos desafios da administração que lhe foi confiada. A felicidade desse administrador fiel e prudente consiste na total confiança de Deus, de seu bispo e da comunidade, que lhe confiará seus bens mais sagrados. Nada mais gratificante do que receber a confiança das pessoas, da comunidade. Se a confiança da comunidade é algo importante para o pároco, quanto mais a confiança de Deus? Ele será, cada vez mais, um padre realizado em sua missão sacerdotal, e a comunidade ganhará com isso.

Porém, a infidelidade tem um preço: a desconfiança e, consequentemente, a infelicidade. Não há nada pior que uma paróquia administrada por um padre infeliz, não satisfeito com a missão. Aquele que pensa que pode fazer e desfazer como bem entender, sem ter de dar satisfação a ninguém de seus atos, por ser ele o pároco, age com imprudência. É como aquele empregado que na demora de seu patrão age com autoritarismo e maltrata os demais. Quando ele menos esperar, sofrerá as consequências de seus atos (Lc 12,45).

Quanto aos negligentes ou despreparados (Lc 12,47), há certa tolerância por parte do Senhor, diz o texto, porém isso não significa que o padre despreparado para a administração paroquial tenha de se acomodar mediante a compaixão pelos limites de seus conhecimentos. Pelo contrário, deve buscar se aperfeiçoar e, com esforço, procurar administrar da melhor maneira possível sua paróquia. Deve ser um esforço ininterrupto, infindável, porque os desafios não terminam nunca. A busca de se aperfeiçoar a cada dia deve ser tarefa de todo gestor eclesial. Ele deve saber que, quanto mais ele aprende, mais lhe será exigido, como conclui a parábola supracitada: "A quem muito foi dado muito será pedido; a quem muito foi confiado muito mais será exigido" (Lc 12,48b). É a exigência do sacerdócio, daquele que assumiu a missão de administrar bens, sejam eles simbólicos ou materiais, porém todos, indistintamente, são bens que devem estar a serviço do Reino de Deus e, portanto, precisam de todo o empenho de seu administrador. Bens que Deus lhe confiou, como mostra esta outra parábola, conhecida como a parábola dos talentos. Vejamos o que ela diz:

> "Acontecerá como um homem que ia viajar para o estrangeiro. Chamando seus empregados, entregou seus bens a eles. A um deu cinco talentos, a outro dois, e um ao terceiro: a cada qual de acordo com a própria capacidade. Em seguida, viajou para o estrangeiro. O empregado que havia recebido cinco talentos saiu logo, trabalhou com eles e lucrou outros cinco. Do mesmo modo o que havia recebido dois

lucrou outros dois. Mas aquele que havia recebido um só saiu, cavou um buraco na terra e escondeu o dinheiro do seu patrão. Depois de muito tempo, o patrão voltou e foi ajustar contas com os empregados. O empregado que havia recebido cinco talentos entregou-lhe mais cinco, dizendo: 'Senhor, tu me entregaste cinco talentos. Aqui estão mais cinco que lucrei'. O patrão disse: 'Muito bem, empregado bom e fiel! Como você foi fiel na administração de tão pouco, eu lhe confiarei muito mais. Venha participar da minha alegria'. Chegou também o que havia recebido dois talentos e disse: 'Senhor, tu me entregaste dois talentos. Aqui estão mais dois que lucrei'. O patrão disse: 'Muito bem, empregado bom e fiel! Como você foi fiel na administração de tão pouco, eu lhe confiarei muito mais. Venha participar da minha alegria'. Por fim, chegou aquele que havia recebido um talento e disse: 'Senhor, eu sei que tu és um homem severo pois colhes onde não plantaste, e recolhes onde não semeaste. Por isso, fiquei com medo e escondi o teu talento no chão. Aqui tens o que te pertence'. O patrão lhe respondeu: "Empregado mau e preguiçoso! Você sabia que eu colho onde não plantei, e que recolho onde não semeei. Então você devia ter depositado meu dinheiro no banco, para que, na volta, eu recebesse com juros o que me pertence. Em seguida o patrão ordenou: 'Tirem dele o talento e deem ao que tem dez. Porque a todo aquele que tem será dado mais, e terá em abundância. Mas daquele que não tem até o que tem lhe será tirado. Quanto a esse empregado inútil, joguem-no lá fora, na escuridão. Aí haverá choro e ranger de dentes'" (Mt 25,14-30).

A uns são confiadas paróquias bem estruturadas. A outros, paróquias com menos estrutura, carentes e com maiores desafios. Porém, independentemente da paróquia, seja ela rica ou pobre, bem organizada pastoralmente ou com deficiências pastorais, todas devem ser administradas com zelo e cuidado, levando em conta os princípios evangélicos, as orientações da diocese e da Igreja de um modo geral. As paróquias mais bem localizadas e com melhor estrutura refletem o trabalho de outros que souberam multiplicar seus talentos. Os que as assumem devem dar continuidade a esse trabalho e fazer com que elas continuem multiplicando seus frutos no processo de evangelização. Os que são designados para paróquias com maiores desafios não devem, por essa razão, desanimar e deixar de agir só porque não têm os recursos necessários. São exigidos, igualmente, o esforço e o empenho da parte de todos. Aqueles que dentro da sua realidade fazem um bom trabalho, mais cedo ou mais tarde, recebem os devidos reconhecimentos. O mais importante é sermos bons e fiéis naquilo que fazemos, e as conquistas vão sendo obtidas em seu devido tempo.

Com a reflexão dessas duas parábolas, encerro este manual, que visa formar gestores eficazes, sobretudo, gestores paroquiais. Quiçá ele sirva para ajudar os que estão diante dessa árdua tarefa de administrar os bens do Senhor, configurados em uma paróquia, ou em outra Instituição, cuja responsabilidade está em suas mãos, com todos os seus desafios, mas também com todas as suas riquezas. Que essas parábolas ajudem você a gerir sua própria vida, porque quem não sabe gerir sua vida dificilmente saberá gerir a vida de outros. Por fim, lembro a frase de São João Maria Vianney: "O padre não é para si. Não dá a si a absolvição. Não administra a si os sacramentos. Ele não é para si, é para vós".

Se você gostou deste livro e quer conhecer outros livros meus desse gênero literário, sugiro que você adquira os livros "Parábolas de Jesus para catequistas" (Editora Santuário) e "Causos, café & filosofia" (Editora Navegar).

Este livro foi composto com as famílias tipográficas Adobe Garamond, League Spartan e Source Sans
impresso em papel Offset 75g/m² pela **Gráfica Santuário.**